生命樹

Health is the greatest gift, contentment the greatest wealth.
~Gautama Buddha

健康是最大的利益，知足是最好的財富。 ——佛陀

不再內耗的自我對話

讓90%的焦慮、糾結、不安全感都消失的自我對話練習

約瑟夫・盧恰尼
Joseph J. Luciani, Ph.D.——著
陳文和——譯

The Power of Self-Coaching:
The Five Essential Steps to Creating the Life You Want

推薦序●成為自己的教練

文／蘇益賢

執著是小華給人的第一印象，總是要求完美的他，常常在不知不覺中花費了大量時間和精力，就只為了把某些其實不是那麼重要的細節顧好，讓自己壓力變得越來越大……

小黑的困擾則是自我懷疑，不管是對自己的能力、表現，還是工作時作出的決策，他最擔心的是失敗，但一直猶豫、不敢做決定，反倒矛盾地逼著他往失敗的地方靠得更近……

小明非常在意別人怎麼看待自己，為了讓別人對他有好印象，他慢慢變成一個慣性討好、滿足他人的人。長期下來，忽略自己真實需求的他，變成了一個「沒有自己」、心也很累的「大好人」……

不管是小華、小黑，還是小明的故事，看似主題不同，其實都圍繞著「內耗」的狀態打轉。內耗是一種受困於不同想法、不同價值觀之間的狀態，伴隨著自我懷疑、過度思考或內心掙扎，讓人因此而疲憊、焦慮，並不可避免地影響到當事人的情緒狀態與思考空間，進而讓人無法拿出最佳的表現。

在《不再內耗的自我對話》這本書中，讀者可透過許多不同的案例，看見這種內在打轉、空轉，卻沒辦法讓自己前進的困境。而作者根據自身經歷、親友的故事與諸多臨床個案觀察發現，這種現象與一個人內在的「自我對話」的習慣有關，並且有機會透過「自我訓練」（Self-Coaching）的方式，來改變這種習慣。

在我接受心理治療訓練時，老師曾提到，心理師與案主的關係是很特別的，這段關係的建立，其實是以「結束」為前提進行的。而結束的時間點，就是透過這段時間的陪伴與支持，讓案主慢慢長出自己的力量，有信心能夠投入下一段旅程的那一刻。

從這種觀點來看，「自我訓練」其實與這樣的理念十分呼應。在諮商歷程中，儘管有著心理師的陪伴，但真正能讓改變發生的關鍵仍在案主身上。良好的治療關係比較像是改變歷程中的催化劑，有機會加速案主的步伐。但在治療關係結束後，怎樣「維持」這種好的改變、甚至讓它持續發生，這樣後續工程的主人，其實還是案主自己。

因此，做為本書主軸的自我訓練，蘊藏了兩個重要的關鍵字：「自我」很重要，那是一種願意承接起改變責任的意識；同時，「訓練」也是重要的，那是一種將人生視為球賽，將自己視為運動家，同時不忘以教練的身分，客觀檢視自己、督促自己、並陪伴自己做出改變的意願與行動。

許多讀者可能已經做好準備，想要為自己的人生做出改變；但在方法與工具上，可能苦無想法。又或者，未曾檢視過自己是用怎樣的方法去努力、去做出改變的。誠如我常與個案分享的體悟：方向不對，努力白費。本書針對這些在改變路上，我們應該跳脫的某些過往習慣、值得覺察的某些內耗狀態進行了論述，並提供相關引導，讓讀者不至於努力錯了方向。

本書原文雖出版於二十年前，但書中諸多內容仍歷久彌新、發人深省，相信對於「想要」讓自己人生做出改變，並且「願意」付諸行動的讀者來說，十分具有參考價值。

讀者不妨將作者盧恰尼當成自己在人生這場賽事上的心理教練，透過他的引導，除了有機會更認識自己之外，更重要的，或許是去學習「他是如何引導我們去進行自我訓練、自我引導的」。畢竟，最終能夠陪伴我們參與人生這場賽事的人，還是我們自己。

（本文作者為初色心理治療所臨床心理師暨副所長、心理師想跟你說共同創辦人）

推薦序● 你可以決定自己的樣貌

文／鄧善庭

恭喜你，買到這本好書！如果希望這本書有效地發揮作用，想和大家討論一個觀點：「你自己」才是擁有力量，且能為自己負責並做出改變的人。不是這本書、不是哪個專家學者能幫你改變，而是「你自己」。聽起來有點奇怪，我不就是為了得到指引才買了這本書嗎？難道這本書無法帶給讀者改變嗎？

這本書的確可以帶來改變，前提是我們能夠開始相信自己擁有力量，而不只是等待奇蹟的發生。

心理治療的概念源於醫療，在這樣的領域中，醫師具有絕對的權威及對症狀的解讀，而前來尋求指引的人也同樣以這個認知期待著「你會把我治好」，就好像心理師是個萬能的父母（或神仙教母），這個概念也同時傳達出「你知道什麼是好的」、「你比我更了解我該怎麼辦」。

在諮商工作時也會碰到很多抱持這樣期望的個案前來晤談，這不是誰的錯，只是我們從未被信任、被給予一個空間是：「你才是自己生命的專家，而你擁有為自己生活負責的權力。」

作者於本書闡述的理念在亞洲社會中可說是有過之而無不及，在成長過程中，我們不曾被教導過要學習相信自己，反而接收到的是：

- 只要讀書，依循好學歷的路線走，才會是成功的人生。

- 問題總有正確答案，而知道答案的人是老師／父母／醫生等權威者。

- 你不夠好是因為你不夠優秀，天生底子差就該更努力。

這些信念都好嚇人，好像我們不該有自己的意識與想法、好像我們的價值與力量是由外在決定。而我希望這本書能夠開始帶給你不同的想法。

要知道，你可以決定自己的樣貌。

所有的自我認定都是後天養成，沒有人天生對自己的特質、樣貌有價值評斷。難道一個剛出生的嬰兒會想著：我奶喝得太少了！怎麼這麼糟糕！我這麼愛哭不會有人愛我！聽起來有點荒謬對吧？但為什麼隨著成長，我們逐漸刻畫了價值評斷般的自我認定？那是因為人會從外在環境、重要他人身上學習他們對我們的看法，此自我認定會以無意識且習慣的狀態影響著日常生活時的認知、情緒等反應。

舉例來說，當一個人認定自己很差勁時，他可能會透過討好或過度努力來試著證明自己也可以被喜歡，但同時也會拒絕他人對自己的示好或欣賞，因為他並不這麼相信著。

這裡的「差勁」便是被環境賦予的價值評斷，我們會將此信念做為生活的習慣與真理。而本書從我們為何如此相信這些信念下手，再教我們自我對話的五步驟：分析弱點、釐清真實、關閉雜音、放下、激勵，若能放在生活中持續練習，我相信可以為讀者帶來新的生活樣貌。

祝福你在這趟旅程中，找到屬於自己的力量。

（本文作者為諮商心理師）

不再內耗的自我對話

目錄

第二部●你的問題：改變的根源

第三部 ● 自我對話的五個步驟

自序

父親的一生並不幸福。他在五十二歲的時候與世長辭，原因可能是長年憤怒造成壓力、不常運動、欠缺自律、飲食習慣不佳，以及厭惡就醫。父親在人生最終階段沉溺於賭博，這是他困頓生活中的一條出路，對於身陷絕望汪洋裡的父親來說，大贏一把和連中三彩意味著希望。

回顧父親的一生，我深感痛心。他虛擲生命又過早地離世，倘若我能向他分享所學所知該有多好，我多麼希望能讓他體會人生還有其他的選擇。像許多人一樣，我的父親始終自認是命運的受害者，他從未想過，自己養成的林林總總消極負面的習慣，導致其人生徒勞無功、備受挫折。假如我能指引他領略自我訓練（Self-Coaching）的力量該有多好。

在逾二十五年的心理師執業生涯裡，我意識到像父親這樣飽受折磨的人比比皆是。許多人在諮商時不斷抱怨著隱隱約約的老毛病，比如說不知所措、對未來惴惴不安，或者時常悶悶不樂、徬徨無助和自我懷疑。有些人直到生活逐步崩壞才迫不得已尋求治療。據我推測，大多數人從未向心理師求助，只是隱忍形形色色的問題，無法體悟自己別有選擇。

你是否有自身的未解決問題清單？如果放任那些還可以忍受的怨言不管，任其擴散，它們可能會惡化成為更嚴重的情緒問題。為什麼要拖延到它們發展成憂鬱症，或讓焦慮將你推入恐慌呢？何不認清生活中感受到的諸多摩擦是一種線索，它顯示你已偏離自然且自發的本心，並已失去由衷感到快樂的能力。自我訓練可帶領你回歸人生意義的源頭，使你能夠悠然自在地進入心流狀態，而不是孤注一擲地力圖控制生活。

學習如何更隨心所欲地過生活似乎是千頭萬緒的事，倘若你的內心正在受苦，尤其可能抱持這種想法。但其實那絲毫也不複雜，抑鬱寡歡或飽受折磨的肇因並非源於先天本性，問題純然出自習慣！

事實上，各種習慣都是後天學習養成，而且可以被破除。不論是破壞力多麼強大的積習，只要我們學會停止滋養它，就不會繼續遭受傷害。種種陋習究竟是如何培養起來的呢？每回我們憂慮、惱怒、惶恐或自我懷疑時，都會把自身點點滴滴的不安感投射給它們，供給它們養分。這本書將引薦「**與自己對話**」（Self-Talk）這個強大工具，來幫助你讓有害的習慣無以為繼，並引導你選擇有助於實現自我的生活方式。

所以，請準備好擺脫反射式的、見怪不怪的思維，重新當自己人生的主人吧。一旦你能夠做到，將能夠理解我對於各式更複雜、傳統治療方法的態度。假如你覺得我有點自命不凡也沒有關係，因為自我對話的訓練不是關於反躬自省或哲理沉思，這個方法的關鍵在於灌輸給你積極進取的信念，以激勵你追求自己想要和應得的生活。

在我往日的著作《自我訓練：如何療癒焦慮症和憂鬱症》（*Self-Coaching: How to Heal Anxiety and Depression*，暫譯）之中，自我訓練的具體目標是緩解焦慮和憂鬱的症狀。自從首度引介自我訓練的方法以來，我在這些年發現這套方法適用於比焦慮和憂鬱更廣泛的問題範疇。

你會發現這本書是一本賦予你力量的指南，它能夠在更嚴重的情緒問題形成之前，幫助你消弭生活中的情緒內耗，使你重新與內在能力產生連結，進而獲致真正的幸福。當你全然掙脫不安全感的束縛，內心不再苦苦掙扎之後，自我對話的訓練仍然可以持續輔助你重新煥發力量和生機。

自我對話的力量仰賴一個事實，那就是你有能力學會如何擊退生活中任何阻礙自我實現的事物。無論那是恐慌、憂鬱、社交焦慮、怠惰、成效不彰、徒勞無功，或是抑鬱寡歡，你務須擊潰它們，使其不再妨礙自己的人生，而且你能夠做到！只要依循本書講述的五個基本步驟，你所有源於自我的問題都將找到單純的答案。你將學會從思索怎麼控制事物，轉變到自發且出於本能地理解自己需要什麼始能獲致幸福。

前言●選擇改變，選擇想要的生活

命運非關機遇，而是攸關選擇；它不是我們等待發生的事，而是要去達成的事。——威廉．詹寧斯．布萊恩（William Jennings Bryan，美國政治家）

開始本書的最佳方式是，介紹你認識從事零售業的四十八歲單身女性崔西。她曾經對我提出一個大哉問，那是我一再被詢問而你也可能曾經思考過的問題：

我一生都在苦苦掙扎。努力工作三十年卻一事無成，沒有丈夫，沒有孩子，沒有事業，一無所有。我獨自住在雜亂的套房公寓，窗外只能看到停車場和一家中餐館的屋頂。在好一點的日子，我縱情喝酒，狂看電視，狼吞虎嚥大量垃圾食物。在糟透的日子，我甚至不想起床。我懼怕死亡，擔心生活，但最讓我憂懼的是孤苦伶仃地度過餘生。

有時候我輾轉難眠，腦中想著錯過的各式機會和傷害過的人們。我頭疼、胃痛，對所有人生氣，我發現自己無法信任人。醫生建議我考慮服用抗憂鬱藥物，但說實話，我不確定自己想費心照做。即使藥物能改善我的感受，那又怎樣？我還是困在這個公寓裡，依然沒有一個像樣的工作或家庭，為何還要費心？

醫師也說我的血壓太高，體重過重，除非改變生活方式，否則會有心臟病發之虞。改變生活習性——實在是開玩笑，我的習慣就是我本人！好吧，醫生，我就回家自己努力吧！他難道不懂嗎？這就是我，身陷困境，自我毀滅，注定要孤單地了此殘生。我是如此害怕。

我接受療程是為了解答一個問題，而且我期望得到一個誠實的答案：**像我這樣的人真的能夠改變嗎？**

你會怎麼回答崔西的問題？許多人認為這屬於與生俱來的個性問題：「他就是個控制狂。我不指望他能改變。」或者，「我確實是焦慮的。我的母親向來焦躁，而且她的母親同樣如此。這是家族遺傳。」有些人則懷疑：「自從接受手術以來，我變得越來越糟，以前的我並非總是在擔心。我就是無法恢復到昔日有安全感的狀態。」也有些人覺得問題不在個性，而是命運：「有些人好運連連，而我的人生總是欠缺運氣。」關鍵是：人能夠改變嗎？我們有能力把不快樂的生活轉變成幸福和成功的生活嗎？

我長年從知識和個人的角度思考這些問題。我記得自己不斷因為不安和焦慮而苦苦掙扎，我想要領悟個中道理，然而，儘管我渴求改變，卻往往覺得自己尋求實現的是不切實際的目標。

人們不會實實在在地改變。即使我心存懷疑，問題仍在：倘若改變可能發生，那麼它是否足以對我的生活產生重大影響？

心理治療是不是解決之道？

我發現多數接受心理治療的人懷著矛盾心理，不確定自己是否有可能改變。對於經歷過長年內心掙扎和挫折的人來說，治療往往是他們領悟人生幸福祕訣的最後希望。而這個祕密的守護者是誰呢？當然是心理師。

毫無疑問，心理師承接人們投射的力量，心理師被視為治療師和導師——這一切甚至一句話都還沒說就已經發生。由於這些投射，大多數進入療程的人起初都會體驗一段迷戀期。只要心理師在面前，他們就會覺得「這是我多年來感受最佳的時刻」，而且對治療的驚人效果讚不絕口。然後，隨著療程進展逐漸趨緩，最初因相信終於得救而偃旗息鼓的症狀開始捲土重來，接著他們將悲痛地體認到一切一如既往，或者更糟的是憂懼將不會有任何改變！一旦煥發活力的迷戀期被探索個人生命史的例行公事取代，他們勢必將大失所望。許多人在後迷戀期逐漸感到幻滅，並且認清改變並不涉及任何神奇的魔法。

隨著療程推進，大多數人不甘不願地放棄了對頓悟或洞察奧祕的渴望，原本這些應該能讓他們得到解脫。他們不再期待驚人的突破或速成的解決方案，剩下的唯有理解自身行為成因這件單調乏味的事，而到了這個時候，他們已經歷了數個月的療程，卻依然故我。他們能做什麼呢？既然已經投注這麼多時間和金錢……也許再多進行幾個療程？再多投入幾個月的時間？

結論是什麼？當談到心理治療時，大家有什麼共識？它是能幫人緩解痛楚、讓人依靠的肩膀，還是能夠改變個性的有效工具？我們必須思考的問題是：治療能不能產生成效，是否掌握改變的訣竅？簡單的答案是肯定的，但同時也是否定的。而在我們著手理解這一個悖論之前，我理當率先講述自己從多年的內心掙扎和訓練分析中學習到的成果。

是的，我們確實有可能改變

我十分鄭重地分析自己。畢竟，若要提供明智的心理學建議，就不能假裝自己健康——我必須真正變得健全。我確實做到了。這不是自吹自擂，只是想讓你從一開始就明白，是的，改變確實可能發生。我實際上脫胎換骨，有了截然不同的知覺、思想和行為。「不同」可能不是正確的詞，因為我依然是我，沒有突然變成另一個人，但是我的生活體驗確實有霄壤之別。我不再因為想太多和瞎操心的習慣，而感到喘不過氣或悶悶不樂，我如釋重負，享受往日未曾擁有的自在。我首度能放鬆生活，不再總是念及該如何過生活，這些經驗使一切都改變了。

倘若你在那時問我改變的原因，我自知難以回答，最初就是這樣。然而，經過多年的分析和掙扎之後，我用某種方式促成了改變，我變得更好，不再受不安全感和反射式的心理防衛機制驅策。問題是，我無法確定是什麼改變了自己。身為一名熱中探索的心理師，我必須找出答案。究竟是榮格學派（Jungian）心理分析，還是佛洛伊德學派（Freudian）心理分析？或者是格式塔學派（Gestalt，又稱完形）心理分析，抑或人際溝通分析？我無法告訴你答案，因為改變發生於方方面面的經驗之後，而不是在其中形成。也許這是多年來一切洞察和努力的累積效應所致。無論是什麼，我需要追根究柢，而且理應有能力向大家解釋清楚。

事實證明，我的直覺正確無誤，並不是任何單一的事情改變了我的生活，這是我在心理學上所有努力的綜合成果。做為一名精通投機行為的專家，我從每一次療程中汲取點點滴滴的見解，並隨著時間推移，將它們和我逾二十五年來傾聽人們的心聲學到的一切融會貫通，進而形成一套自我對話的訓練方法。我已經能夠把迄今的奮鬥和求知欲驅策下理解的道理，濃縮為五個簡要的步驟——開創自己理想生活的五個根本步驟。有趣的是，這個關於我們如何改變的謎題，解答其實並不那麼複雜或艱澀難懂。但是就像任何謎語一樣，除非你能領略其中關鍵妙處，否則可能百思不得其解。

告別治療模式

究竟是什麼機制促成「改變」？請注意，我並不是說促進「治療」，因為我認為，是時候擺脫百年來主導心理治療的模式了。是什麼樣的治療模式呢？首先，接受治療者會被視為一位

「病患」。如果你有焦慮、憂鬱或其他任何可識別的「症狀」，即是罹患一種心理「疾病」。病人指望「醫師」為他做出「診斷」，以解釋其生活中遭遇的種種艱難險阻。這是一種以醫師為基礎的治療模式。

好的，我會試著說得簡明扼要。心理學的發展受到佛洛伊德、榮格、阿德勒（Adler）等早期大師的精神醫學影響，他們都是醫生，並深受醫療模式的影響，相關醫學訓練自然而然會對他們的想法造成影響。遺憾的是，這種傾向在醫療文化中已經根深柢固，而且至今仍影響著我們對心理問題的思考方式。一九四八年的經典電影《蛇穴》（*The Snake Pit*，暫譯）中，奧莉薇亞德哈維蘭（Olivia de Havilland）飾演一名因憂鬱症而崩潰的女人，她被送進擁擠的州立醫院。片名中的「蛇穴」是醫院裡禁錮絕望病人的恐怖開放式病房。這是一部開創先河的電影，它和隨後的許多影片，啟發了我們對於精神疾病的認識與恐懼。

我九歲時無意中聽到父親告訴母親，如果他不學會放鬆身心，將會精神崩潰。（當我長大後，「精神崩潰」在五〇年代成為一個通用詞，用來描述任何出於心理因素而必須住院的人。）精神崩潰！我被嚇壞了。這件可怕的事情顯示我父親出了什麼問題？起初我不敢去問父親，但恐懼最終迫使我去找他探問究竟。父親不知道我聽到了他先前說的話，漫不經心地向我解釋說，如果你不幸精神崩潰，「穿白袍的男人會來家裡，將你套上拘束衣並把你帶走。」彷彿這還不足以讓我胡思亂想，他繼續說，「他們會把你關在一個有軟墊的房間裡，讓你吃藥，有時還會電擊你。」電擊！這使我的腦海一片混亂。父親沒有注意到我顯而易見的苦惱，他總結說，「當你精神崩潰，將會失去理智。」

這就是我必須知道的事：你可能會失去理智！我感到心煩意亂。我不確定，但我想就是在當天下午，我到圖書館借了生平首度接觸的心理學書籍，那就是佛洛伊德的著作《自我與本我》（*The Ego and the Id*）。我完全看不懂書中內容，但光是捧著這本書就讓我更能感到安全。我應當說明一下，在我九歲時，憂慮早已是司空見慣的事。年幼的我慣於煩惱每一件事：父母終將離世、學業成績、誰喜歡我、誰討厭我，因此別以為精神崩潰這個令我憂心如焚的課題會輕易消解，畢竟，假如它會遺傳該怎麼辦？就在那天下午，我決心不讓自己精神崩潰。我不會失去理智！只要我能自救，就不會精神崩潰。

這就是我初識心理學的過程。

在我看來，「精神崩潰」這個說法幾乎已經銷聲匿跡，被較為模糊的用語「精神疾病」取代。「疾病」會讓你不假思索地想到什麼？生病時你必須看醫生，對吧？為什麼？畢竟疾病發生在你身上，不一定是你自己引起的，你無力針對疾病做什麼，因此你沒有治療自己的責任。這個定義將「治療」的概念從你轉移到醫生那裡——也就是身體疾病尋求治療的去處。

對我來說，無論你前往社區的診所，或遠赴維也納尋求治療、療法……等一下，讓我在這裡停下來。從現在開始，我將不再使用「治療」這個詞，而用更適切的詞「**改變**」取而代之。也就是說，無論你向誰求助，世界上沒有任何治療師能夠改變你，一切任何的改變都必須源於你自己。

這是值得重申的事：開創自己理想生活的能力來自你的內在。心理師可以促進你的改變，但你自己也能做到，這只需要一些洞察力和方向，自我對話可以派上用場，但是讓我們先來了解一些背景。

「是的，親愛的」

剛獲得博士學位時，我為了申請進入榮格學院，延續已進行多年的訓練分析。某一天當我正抱怨沒有足夠的閒暇時間、金錢和悠閒娛樂時，我的心理師不知是刻意為之還是有所盤算，或者只是出於挫折感，竟然用「是的，親愛的⋯⋯」這句極度諷刺的話打斷我發牢騷，我再也聽不下去他隨後說的任何話。我感到十分羞愧、震驚和尷尬，他怎麼敢這樣羞辱我？於是我怒氣沖沖地離開了諮商室。

是的，親愛的這句話盤旋在我的腦海，始終揮之不去。心理師當時是對我指出，我無比荒謬地一再以每小時四十美元的代價向他訴苦！「是的，親愛的」這句話告訴我——或者說是我的解讀——你不僅不能成熟地面對自己的問題，還表現得像個小孩，而且是一個懦弱的孩子。那些話像鐘聲一樣不斷在我腦中迴響。他竟然有臉說這種話！他怎麼敢這樣？

直到終止療程之後，我才真正領悟了相當重要的事實：他的作法百分之百正確——我確實表現得像一個哭喪著臉、自怨自艾的孩子。我無意識地賦予心理師「父母／保護者／生命祕密守護者」這個崇高的尊號，並期望他照顧我，讓一切變得更好。而我要做的就是每週出現一次，並對他當日的提問進行自由聯想（對我來說，這是抱怨的一種委婉說法）。當他說出那些話之後，我的內心產生某種轉變。那些關鍵的話是——嗯，起初不是，但在接下來的幾週、幾個月、幾年期間是——促使我的人生轉向的一種啟示。我應該好好解讀「是的，親愛的」這句如今顯得神奇的話，以幫助你理解自我訓練的核心動機的起始點。

不要執迷於心理師的救助

我認為自己和多數接受療程的人大同小異。在每次的求診經驗中，我都懷著期待找到答案的心情進行療程，滿心寄望治療師能為我排憂解惑。我從未想過他也不得其解，或是我自己有責任自救。我一週復一週向他傾訴自己經歷的種種試煉和痛苦，期望他提出深刻的見解，並且確信其中一項建議將改變我的人生。

隨著時間推移，我的失望和心理負擔稍微減緩，我感到輕鬆一些，但並無顯著的改變，我沒有因為心懷種種期許而變得更好。進入療程時，你自然會開始把解決問題的責任交給心理師，你很快就會習於分享那些迄今為止，完全是自己承受的問題和負擔，經由這種分享，你會感到寬慰。我一直見證著這種情況，有人在首個療程結束後指出，「我覺得自己好多了。我已經很久沒有這麼好的感受了。」這種現象反映出我前面提到的迷戀經驗，是你「卸除負擔」（unburdening）

獲得的解脫感的一部分。

在壓力下或困境中，卸除負擔可能是適當的作法，但這也會變成一種退化和不成熟的生活方式，尤其是當你開始相信，我現在不必處理問題，只須等待心理師治癒。一旦你堅信不再有必要親自應對種種難題，或者更糟的是，當你確信自己無法處理而心理師能辦到，那麼就成了死局，你將難以改變事情發展的方向。你認為人們為什麼會長年依賴心理治療？因為他們堅信不可能自行解決任何心理問題，隨著自我信任逐漸瓦解，你將變得極易執迷於被人拯救。

在這種模式下，你將輕易地把治療師當成自己的拐杖。當你扭傷腳踝時，拐杖確實不可或缺，但你終究必須逐步拋開拐杖，並且按部就班增強腿部的力量。倘若你忽略掉運動和強化腳踝，會發生什麼事呢？你的肌肉將逐漸萎縮，你的腳會喪失功能，你將斷言：「沒有拐杖，我不能走路。」在心理治療中也可能發生同樣的事情。假如經過一段時間後，你的自我（ego）變得過度依賴心理師，那麼你應對生活諸事的能力將日漸退化，你將深信自己如果沒有心理師的建議就無法正常地過生活。

這就是為什麼當我遇到焦慮或控制欲過度的人時，首先會告訴他們，我採用非傳統的方法。為了培養求診者的成熟度和個人責任感，我不希望他們在下次諮商前因歇斯底里的情緒爆發，或其他各式問題而來電求助。（無論如何，我會率先為彼此力圖達成的目標及其原因奠立基礎，並對任何緊急情況提供完整的指示：緊急情況是指，維護個人安全或確保他人安全上任何有疑慮的情況。）起初，大多數人會抗拒這種限制，因為它顯然違反一般人的直覺：心理師理應拯救你！有位男性求診者曾針對我的方針驚訝地質問：「你的意思是希望我自己處理自身的問題？」對，確實是這樣！

二十八歲的珍擔任秘書工作，因長期的焦慮問題向我求助。在第一次諮商後，我感覺到她顯然很難成為一個快樂的人。珍早已不信任自己，並且接連不斷地換心理師和精神科醫師，無非是希望能找到人來扛起她的負擔。在和我電話交談時，她變得十分幼稚，話語中充斥著自我挫敗（self-defeating），於是我保留了她的一則語音訊息，以便回播給她聽：

盧恰尼博士，我知道你不會回電，但你能否重新考慮一下。我真的必須和你談一談。確實有必要！有位同事說我對某件事過於執著，我不知道自己是否表現得很愚蠢。我擔心到快要發狂，你必須盡快回電。我不想等到下一次諮商。請立即致電給我。我知道你在！就這一次，我保證不會再打電話了。拜託，求你，請你回電給我。我不想這樣苦苦掙扎……我需要你的回應……現在就回電！

這是孩子氣的本能舉動。珍堅決認為她不具備任何應對生活難題的能力，她確信我的話語能夠神奇地為她療傷止痛。你知道嗎，她的幻想中存有些微的真實性。假如我回電，她將感到自己獲得了照顧，她會覺得有人處理了狀況，她的世界不會終結。當她掛上電話後，將會感覺良好，這是珍和她以前的心理師們一貫的典型情節，直到他們對她不斷的電話攻勢感到厭煩，有位心理師甚至對她說，「你不明白自己在打擾我嗎？你能不能讓我有個安靜的週末？」

珍執迷於被心理師救助。而我一開始就有更宏大的目標，我們必須打破她依賴他人的反射式習慣，使她仰賴和信任自己。唯一的開始方式就是讓珍忍受自己的恐懼和歇斯底里，在使她從根本上理解自己對控制的需求之後，我還須用一些話語激勵她的士氣。我必須說服她，在不安全感下形成的習慣讓她相信自己無法應對生活的挑戰，但事實上她可以辦到，她必須發展自我訓練的力量。第一步在於幫助她領會，最重要的是在不把我當成救生圈的情況下努力生活。

珍一度厭惡我和這種方式，但慢慢地，她的來電減少了。她經常吃力地走來進行療程並上氣不接下氣地說：「是的，我撐過了這一週。我確實自己做到了，謝謝你！」她很快就意識到我試圖傳達的最關鍵訊息，她領悟到，既然我不打算拯救她，那麼她必須做些事情來讓自己感覺好一些。這裡的關鍵詞是她自己理應有所作為，這是她的痛苦結束的起點。

在洞察此事之後不久，她告訴我，「既然我知道你不會回電，我決定自行處理自身的狀況。」儘管心懷不滿，但她做到了。她確實辦到了！相信我，我非常熱中於向她指出這一點（並告訴她一些激勵士氣的話）：「你真的做得很好。你不須覺得自己有必要立刻理解一切事情，只須要撐過驚慌失措的難關，並且堅持到底就好。這就是你的首要步驟。你很棒！做得好！」

在寫作本書時，我和珍正完成她已進行數個月的療程，此時我可以向你報告，我不僅未再接到她任何歇斯底里的來電，而且她也了解到，她從我這裡尋求的祕訣其實就在她自己內心深處，一直都在，只是她自己不知道而已。她的內心不再脆弱，她的自我擁有了實質的力量。

那麼你呢？你相信自己能夠透過省視內在找到需要的一切嗎？倘若你像許多人那樣，已經慣於逃避現實，你的人生可能受制於尋求外在意義和答案（金錢、權力、地位或支配）等形式的補償，或者因心靈空虛、焦慮、絕望等狀況而困擾不已。仔細檢視你的生活，把它當作一面鏡子，正如鏡子會映照出你的實際形象那樣，生活經驗可以反映出你個人進化的確切樣貌，你理應學會解讀自己看到的一切。

讓我們從生活品質著手。你總是感到幸福、滿足、成功嗎？或是時常覺得不快樂，被生活壓得喘不過氣，感到自己在生活中敗下陣來？具體來說，你有哪些症狀？是否對事物和人們感到厭倦？有沒有經歷過憂鬱、緊張、壓力？這些都反映出你的不安全感，自我訓練將參考這些訊息來幫助你改變生活。不要抱怨你困惑不解或不知所措，因為如果你這麼做，我會對你說：「是的，親愛的。」

選擇你的理想生活

如前所述，所有改變始於承認改變人生的力量源於自己。自我對話的訓練方法將指引你承擔自救的責任，這意味著挑戰那些損害你生活的破舊思維。

拒絕承擔責任的人誤以為有更簡單的方法：但願我中大獎；但願他能答應；但願我獲得晉升。「但願」是一種絕望的聲明，也是逃避責任的想法。你真正表達的是「要是某件事情發生了，我就會擔起責任。」這和「是的，但是」一樣糟糕：「是的我想改變，但是太難了。」你呢？你有沒有為自己逃避責任找藉口？你是否說服自己繼續過停滯不前的生活？

你可以藉由找出「但願」與「是的，但是」這類自我設限的託詞，來立即展開改變的歷程。經由認清生活中的事實真相，而不是為自己找藉口，你將逐步發展出一些心理力量，進一步體認人生的種種責任，這將成為你接下來自我對話的跳板。

你可能難以理解自己實際上能夠自行選擇想要的生活方式，自我對話訓練能透過以下方式使你相信自己有所選擇：

- 教導你要改變**什麼**
- 訓練你**如何**改變
- 說服你相信自己**可以做到**

最初開車時，我對福斯金龜車內燃機引擎一無所知。當我開著這輛自有汽車偶爾在路邊拋錨時，我會打開引擎蓋，然後東摸西摸，希望能夠誤打誤撞，讓它神奇地起死回生。在一次特別感到沮喪的經歷之後，我決定做點什麼來打破無能為力的窘境，我從經銷商那裡買了一本維修手冊，著手摸熟我的汽車引擎。不久之後，我就學會如何更換火星塞、調校汽門間隙和調正引擎點火，對於我這個初學者來說已經可圈可點，隨著時間推移，我的信心和汽車知識持續增長。在我載著妻子四處旅行期間，面臨了最終的考驗。我們進入南達科他州的惡地國家公園（Badlands National Park），下車欣賞杳無人煙的自然美景。當我回到車裡轉動鑰匙時，迎接我的不是熟悉的引擎點火聲，而是令人不安的一片寂靜！倘若這發生在數個月前，我可能會茫然地胡亂摸索，但此時我知道自己有個合理的選擇。

我從工具箱取出一把螺絲起子，自信地滑到車底下，找到啟動器螺線管，並用一字型螺絲起子跨接兩個突出的螺絲，隨著一陣劈啪聲和一道火花，引擎立即發動。啟動器螺線管出問題時，必須以跳線跨接來啟動。我們沒有被迫在惡地國家公園過夜，而是開車東行前往下一個景點。一路上，我始終志得意滿、眉開眼笑。

倘若汽車拋錨了，試錯或是碰運氣很難成功修好車子，應對心理難題也是同樣的道理。假如生活出了問題，而你只是盲目地摸索解決方法，很難碰巧找到答案。改變的第一步驟是為理解和意識打好基礎，你必須知道問題是什麼，才能夠撥亂反正。而且你需要一本自我對話手冊。在接下來的章節裡，我將為你揭示心理問題的簡明真理。相信我，它不像內燃機引擎那麼複雜。事實上，我把一切都簡化為兩個詞：「控制」和「習慣」。你將會明白個中道理。

讓我們回到汽車的比喻，一旦弄清楚問題是什麼（比如說主缸漏油），你無須探究漏油的原因（歷史），僅須知道修復的方法，**關鍵不在於原因，重要的是方法**。自我對話的五個步驟將提供給你心理療癒所需的一切工具，你將學會如何將其運用於緊急狀況或日常維護。

改變的最後一個步驟是起心動念。你務必確信自己能夠做到，倘若欠缺延續種種努力的能量，改變什麼以及如何改變都將不值一提。還記得前面提到的珍嗎？她的自我如此脆弱，以致習於要求心理師在她每回恐慌發作時給予照顧。結果恐慌的發生與日俱增，而不是日趨減少。簡單明瞭的事實是，假如不信任自己，不能持之以恆地努力尋求改變，你將繼續苦苦掙扎。

倘若自我懷疑、不信任和不安全感使你遠離人生真正的幸福泉源，那麼自我訓練可以幫你重拾幸福。真的可以！你只須思考一個問題：「是什麼阻礙我獲致幸福？」答案是：「沒有！」你的幸福路上並無任何障礙。從來沒有！

然而問題依然存在：為什麼有些人沒能獲致成功，有些人幸運地功成名就？難道生活只不過是一張彩券，人們只是握有或是沒有中獎號碼？這種宿命論的想法讓我感到不安。主宰成功或失敗、幸福或不幸的不是命運，而是我們面對自身命運時的作法。誠如莎士比亞所說，「親愛的布魯特斯，錯誤不是命運使然，而是我們自己造成。」

如果是我們自己的錯，那麼我們可以做什麼來導正命運的走向，以掌握幸福及發揮個人潛能？這個課題促使我進一步擴展原創的自我對話訓練。多年來，我一直在療程中成功地運用這套技能，尤其是用來療癒焦慮症和憂鬱症。你手上持有的是一個更廣泛的進化版自我訓練計畫，只要你掌握理解的基礎、有條有理地進行訓練，以及發揮這套方法的固有力量，改變不僅指日可待，甚至將輕而易舉。

第一部

自我對話的潛能

01

自我對話：獲得力量

五十二歲的保險業務員芭芭拉，長年在降至冰點的婚姻關係、平淡無奇的職涯和生活中苦苦掙扎。像許多人一樣，芭芭拉的問題沒有嚴重到必須尋求治療，而且她一直能用某種方式應付過去，她早已屈從於自我貶抑、自我懷疑和猶豫不決的生活。為什麼？沒有特別的原因——至少沒有合理的、此時此刻的理由，純粹已經習以為常。她也只是因為對她洩氣的丈夫一再勸說，才抱持一貫厭煩和漠然的態度同意找我諮商。芭芭拉持續數個月採用我的前作《自我訓練：如何療癒焦慮症和憂鬱症》概述的技巧實踐自我對話的訓練，從而產生以下頓悟：

竟然會接受對自己扭曲的看法，真是一件好笑的事！在我成年生活大部分時間裡，彷彿總是試圖為自己編造案例，找尋我可以說出「我不好！」的各式理由。而在過去幾個月，我學到了一個最重要的課題，那就是我有選擇。多年來，我選擇接受一個破敗的自我觀感，我甚至沒有認真思考過這個觀感是否合理。我真的可以消極地「不選擇」嗎？一旦你看清事實，它似乎再簡單不過，如此顯而易見，然而在大部分的成年生活中，我始終無法企及實情，也從未努力探尋真相。

我不確定是什麼觸發自己徹底轉變，但改變確實發生了，我欣喜若狂！彷彿一切都在轉瞬間變得清晰，我的人生在眼前發生變化，似乎我必須做的就是設定路徑及啟動開關。怎麼可能如此輕而易舉？為何這些年來我沒能洞察真相呢？如今我終於開始清楚地看見自己。我理應思考：達到滿足的第一步驟是什麼？我必須確定自己想要或需要什麼。我意識到自己想要或需要的可能不完全是湯姆想要或需要的，所以我們務須持續對話，並以某種方式融合彼此的目標，我期望妥協能讓雙方都心滿意足。

嘗試解決問題的行為本身就是一種積極的舉動，但也只是朝正確方向邁出一步，湯姆見我不再困住自己且嘗試改變自己而深感欣慰。省思我以前的樣子（欠缺思考、衝動、焦慮、憂鬱）令我清醒過來，現今我會小心提防自己漫不經心的行為、懶散的模式、未經深思熟慮的言論和反應。但我必須說，秉持這樣的新態度，再也沒有什麼看來不可能實現的事。

徹頭徹尾的改變

常言道，人是受制於習慣的生物。你可能像芭芭拉一樣，從來沒有深入思考過這個想法，或許你偶爾也想試圖弄清楚，為什麼自己似乎總是在虛擲人生，永遠不上不下，甚至更糟的是不進反退，而其他人顯得比你更成功、全然受到祝福，每每到最後，你只好繼續拖著沉重的步伐前進，想知道自己何時能夠（或根本不會）時來運轉。

也許你的工作沒有前途，或是遭遇看似漫無止境的連串厄運，或者接二連三地被人拒絕，許多向我求助的人猜想他們不快樂的人生有各式各樣的肇因，但很少人懷疑罪魁禍首是自己的種種壞習慣。相反地，他們確信命運一直在和他們作對，許多人覺得自己是命運的受害者，期待別人把他們從無力感和絕望中拯救出來。

我從二十五年的心理諮商實務學到許多關於人性的課題。倘若我告訴你，許多接受療程的人實際上並不是真的想要改變，你是否會感到驚訝？但實情就是如此，他們真正想要的是成為更好的神經質患者！例如，完美主義者希望在即使焦慮但不至於總是煩躁不安的情況下變得更完美；愛操心的人只是想要一個終身保障，好避免所有討厭的意外；而強迫症工作狂無意放緩腳步，只是偶爾想要一夜好眠。

你曾說過多少次「我真的需要改變」，卻一直把不安、焦慮的日常儀式貫徹到底？你苦苦掙扎，大部分原因在於，你對自身的問題見怪不怪，你的不安全感宛如焦油，而你的種種壞習慣就像黏在上面的羽毛。儘管那些糟糕透頂的陋習可能讓你感到不適，但你卻高度認同它們，甚至和任何建議你試著改變的人爭論：「你不明白，我一生都焦慮難安，你期望我怎麼放鬆自己？」或者，「有些人總是能夠逢凶化吉，然而也有像我這樣的人。我接觸的一切都會變糟，這就是事實。」

假設你像多數人那樣認為豹身上的斑點是改變不了的事實，對於豹來說，這可能屬實，但對你而言，這全然是錯誤的想法。如果你受限於身上的「斑點」——無精打采、焦慮、自我懷疑、恐懼、驚慌、憂鬱、冷漠，甚至是厄運——那麼我必須說服你，真正的改變是一種選擇，而與自己對話能夠指導你如何做出這種選擇。

”失靈、不快樂的生活是後天學來的。“

許多人顯然忽視了這個事實：失靈、不快樂、挫敗或不安全感，並非與生俱來。無論你怎麼想，苦苦掙扎的人生充滿了種種學來的看法和應對方式，假如你所有的問題其實都是學習所致，那麼好消息是，你可以擺脫任何習得的、導致挫敗的事。你將在後續的章節領會到，不幸福的動力來源其實是力圖控制生活。更重要的是，你將領略生命中最不為人知的一個祕密：控制人生是一種迷思！人生不能被控制。

現在我只要你思考一個問題：倘若你感到不快樂，為什麼還要繼續和生活搏鬥？也許你從未想過自己不須苦苦掙扎，尤其是如果你已經確認自己的種種問題，例如，你可能束手無策地坦承「是的，我生性懶惰。」在這種情況下，你硬是把自己等同於怠惰。而你也可能受制於錯誤認知，認為更多的控制能夠解決問題。「我不能讓任何人看到自己沒化妝的模樣，他們會怎麼想我？」無論你活得跌跌撞撞是出自什麼原因，為什麼不試著改變呢？你肯定能夠辦到，而自我對話可以教你如何得償所願——不是藉由努力控制種種問題，而是透過沒問題的生活方式。

在進一步探討之前，我們先來做一個簡單的自我測驗，以確定你的生活品質。當你學會將自我對話的力量融入生活之後，你可能會想要重做這項檢測，好驗證自己改變的程度。不過，到時你也可能不想這麼麻煩，因為你知道自己的生活變得多麼幸福，你將充滿力量。

自行檢測生活品質

請仔細閱讀以下問題，但不要過度思考你的答案，根據你生活的普遍情況來圈選是或否，即使你不完全確定，也要回答每一個問題。測驗結束後計分。

是　否　我不是十分積極的人。

是　否　我在新展開的一天醒來時通常心懷憂懼。

是　否　我似乎有很多遺憾。

是　否　我總是嫉妒他人。

是　否　我厭惡自己的工作。

是　否　我不像其他人那樣快樂。

是　否　我懼怕很多事情。

是　否　我往往喜怒無常和（或）感到沮喪。
是　否　我時常憂心忡忡／反覆思量。
是　否　我似乎運氣不佳。
是　否　我經常抱持「但願……」的想法。
是　否　我缺乏安全感。
是　否　我往往過於消極。
是　否　在過去半年裡，我曾有一次或多次驚慌失措。
是　否　我通常覺得自己不像其他人那麼好。
是　否　生活是一場持續不斷的鬥爭。
是　否　總是會有某些事情出錯。
是　否　我常常懷疑自己。
是　否　我的拖延症非常嚴重。
是　否　我寧願有安全感而不願冒險。
是　否　我浪費掉太多時間。
是　否　我常發現自己思考著「假如……會怎樣」。
是　否　我往往感到焦慮或緊張。
是　否　我經常感受到人際關係的競爭層面。

是　否　我有一些無法解釋的身體障礙。
是　否　我時常做噩夢。
是　否　我曾經因焦慮或憂鬱而尋求治療。
是　否　我總是預期最壞的結果。
是　否　我沒有很多興趣或嗜好。
是　否　我很容易感到無聊。
是　否　我花費太多錢。
是　否　我不是擅長傾聽的人。
是　否　我欠缺意志力。
是　否　我很懶惰。
是　否　我始終感到疲倦。
是　否　我很難拒絕別人。
是　否　我花太多時間看電視。
是　否　我的睡眠品質不佳。
是　否　我害怕變老。
是　否　我時常懷恨在心。
是　否　我覺得外貌十分重要。

是　否　我很難入睡。

是　否　我很吝嗇。

是　否　我常飲酒過度。

是　否　我不擅長適應變化。

是　否　我無法在工作時保持專注。

是　否　我做事缺乏效率。

是　否　我總是找出別人的錯誤。

是　否　我往往匆匆忙忙，覺得時間永遠不夠用。

是　否　我不認為自己的情緒穩健。

計算你圈選「是」的答案總數。14個或以下表示你的生活品質令人滿意，自我對話的訓練可以引導你培養更深層的知覺、自發性，並且促使你享受生活。15到30個顯示你的生活品質明顯受到束縛，可以確定的是，對你來說自我對話將促成你的整體幸福出現重大的變化。31個是或以上表示你的生活品質嚴重受損，自我對話的訓練可以為你的生活品質帶來深遠的影響。

選擇力量

別再讓自己受苦，是時候開始學習如何重新啟動人生了。你手中握有一個強大、獨特且有效的方案，多年來我一直把種種自我對話技巧融入療程之中，並且用來幫助來自世界各地的讀者。種種成果一再地證實，無論是在工作、人際關係或是發自內心深處，成功和個人幸福都是你能夠學會做出的選擇。聽起來很簡單，對吧？只要有正確的理解和簡明扼要的自我對話訓練計畫，這是易如反掌的事。

自我對話將使你和內在力量產生連結，讓你不再感到自己是環境、自我否定、厄運的受害者。藉由訓練自己成為一個完整和成功的人，你可以選擇開創自己想要的生活。別誤會，改變你的力量不需要你去發展或創造，你必須做的唯有釋放力量！這份力量始終是你的一部分，只是被不安全感隱藏起來，等待著你來解開枷鎖。

如何發揮自己的力量？很簡單：清除擋在你前面的自我否定和不安全感的障礙。只要這麼做，內在的力量自然會找到你，這全然取決於你。既然你擁有內在力量，為什麼不好好運用呢？你唯一可能失去的僅是自身的苦難。

”你是誰，你是什麼樣的人，以及你的人生走向，全都取決於你的抉擇。“

你有能力選擇自己想要的生活，不過你可能需要一些時間來適應這個觀念，我樂於進一步闡釋這個取捨的概念。在我看來，生活本身就是抉擇，當下的你就是自己迄今做過的所有取捨的結果，即使這可能很難相信。就如同一棟建築物是由許多個別建材構成，你做的每個生活抉擇都為現今的你做出了貢獻。越早學會對自己的選擇、想法、態度負責，就能越快擁有自己的理想生活。

自我訓練更合情合理

自我對話的訓練與傳統治療及其他各式自我救助方法大相逕庭，我不希望你把它當作治療，而要將其視為訓練。雖然自我訓練根植於健全的心理和治療原則，但它不僅是截然不同的解決問題方法，也是一種革命性的新思維模式，所以別透過分析自己的各項問題，或是重提往事，試圖藉此來理解自己受苦的成因。

正如我在前言中提到的，自我對話的訓練關注的不是你為何苦苦掙扎。雖然這個觀念起初可能讓你覺得很激進，但和癮君子想要戒菸的道理並無不同，你真的認為自己第一次吸菸的理由很重要嗎？當然無關緊要，唯一重要的是你想要戒除吸菸習慣。假如你的目標是開創自己的理想生活，那麼唯一重要的事就是破除不安全感和控制欲，這些習慣正在破壞和支配你的生活，所以與其找出你感到不安和掙扎的原由，自我對話的五個基本步驟以「如何」終結苦難來取代「為何」你會受苦，讓你能夠直截了當切入正題。

我高中時參與的一場美式足球賽，能清楚地釐清傳統治療和自我訓練兩者的力量差別。在那場球賽中場休息時，我們的士氣低迷不振，感覺像是被十一月冷冽的雨淋濕那樣，十分沮喪而且心灰意冷。我們在落後三分的情況下垂頭喪氣地走進更衣室，當寂靜的凝重氣氛迅速被防滑運動鞋踩在混凝土發出的聲響打破時，大家預料布朗教練將狠狠訓斥我們一頓，他不疾不徐地展開訓話，但很快就達到極度激動的狀態，他的眼中燃起熊熊烈火，怒氣沖沖地厲聲責罵，還猛踢我們脫下的頭盔。告訴你，那宛如一場狂風暴雨！現場氣氛隨之丕變。我們的腎上腺素亢進、心跳加速，然後大家像一群滿懷信心、無畏且堅決的戰士一樣衝回球場。

我們在加時賽輸掉那場球賽，但和半場休息時我們不思反敗為勝的心態相比，我認為那是全然令人滿意的一場勝利，我們引以為傲地帶著尊嚴走出球場。這正是教練可以成就的事情，教練點燃我們的心火，扭轉消極的局面，擊潰氣餒的心態，並且灌輸給我們事在人為的哲學。

你能想像中場休息時一位心理師而不是教練來對我們訓話，會是何種情景嗎？「好了，男孩們，先冷靜下來，省思一下被打得落花流水有何感受？來吧，無畏地表現出來，假如你感到難過，我們有足夠的面紙。」恕我無法認同！對我來說，當我們深陷無力感和負面情緒時，需要的不是冷靜和反躬自省，而是積極的、投入的、啟發人心的鼓舞，以激勵熱切的渴望，同時要求拿出成果，我們必須引燃那股「我能做到」的心火。治療是被動的、反思的、講求耐心的，而自我訓練則是積極的、投入的，甚至可以說是迫不及待的。自我訓練的簡單計畫將引導你，如何消解不安全感使然的無益習慣，及運用各式工具來開創成功和有成效的生活。

克服任何難題

在多年的心理諮商經驗裡，我幾乎聽過人們所有無法獲致成功和個人幸福的理由。不安全感宛如回聲在隧道中迴盪一般，輾壓著他們的生活，扭曲他們的一切知覺。妙齡女子金妮的生活儼然是各種破壞性因素的大雜燴，她的案例有助於我為你引介自我對話如何處理問題。

當我第一次見到金妮時，她年僅二十二歲，但她的生活已經面臨全面崩潰的風險。她每天沉迷於吸食大麻和酗酒，並且變得越來越沮喪和煩躁，她憤怒、有敵意、尖酸、並害怕。她的家庭生活異常混亂，父母已經離異，她很少和父親見面，而兩人一旦相見，往往迅速爆發肢體衝突，與母親的關係也水火難容，雙方甚至會失控到暴力相向。

金妮的社交生活一敗塗地，多數時候在找男人用某種方式資助她尋求刺激的生活。她早就放棄和同年齡的人維繫任何認真關係，並且努力不去想未來前途，但求醉生夢死。毒品和酒精是金妮逃避無法忍受的世界的唯一出路，她的世界充斥著動盪、困惑和家庭混亂，她的希望被牢不可破的黑暗和苦楚吞噬。

金妮最近經歷的一次創傷，發生在急需錢來支付汽車保險的時候。她回憶說，當時她向父親求助但遭粗率地拒絕，盛怒使她喪失思考能力、大吼大叫、不斷咒罵、狂摔碗盤。不幸的是，金妮在這次事件後幾天裡數度自殘。

接受挑戰

金妮的故事告訴我們，她可能永遠淪為自私、無愛的父親的受害者，這迫使她一直尋求接納、支持，甚至於愛的跡象。金妮無法接受她父親的各項缺點，她怎麼能夠？倘若金妮認為父親永難給予她所需的愛，那麼她將無法成為完整的人。

我開始指導金妮透過與自己對話（本書第二部將探討自我對話的五個基本步驟，並引領你學習這項強大的技能），認清她受不安全感驅策的想法，並不是先天注定而是後天養成的習慣：除非父親滿足我的需求，否則我永遠不會好。我將永遠是個小女孩，我渴望「爸爸」能改善我的感受。她就是覺得自己無能為力！

金妮並未有意識地尋求與父親建立關係，恰恰相反，她想像自己是無畏無懼、獨立自主、意志堅強的人，當我第一次披露她內心的實情時，她幾乎無法呼吸。金妮不明白自己對不安全感習以為常，但這並不重要，唯一的重大課題是，這個習慣正導致她的人生直接撞牆。當她開始與此一習慣正面對決之後，一切隨之改變，在那個時間點，真相終於能夠水落石出。那麼，真相是什麼？簡單來說，她並沒有問題——真的沒問題！一直都是這樣。最重要的是，她必須認清自己不需要父親，她亟需體認自己的成熟和力量，然而，她的不安全感習慣完全阻礙了這個直截了當的解決之道。

請記住，金妮的積習並不是出於深思熟慮，不是有意識的決定「現在我會覺得不安」。不安全感的習慣早已成為自動化的反射，在我們的生活中不斷重複，這當中存在著最重大的危險：

這樣的習慣不會憑空消失。除非我們積極地挑戰和破除它們，否則它們將毀掉我們整個人生，倘若長年對這些習慣置若罔聞，我們將無從意識到自己別有選擇。

你呢？是否背負著任何東西呢？

選擇之後

自我對話的訓練使金妮重新找到方向，最終幫助她破除多年來已經習慣的受害者心態和無力感，金妮不再表現得像一個憤恨不平期待被拯救的小女孩，她學會轉而求助於自己的力量。一旦自我否定被自信取代，生活便能展翅高飛，她前往復建機構戒毒戒酒，加入基督教青年會的排球隊，並決心進入當地社區學院深造。金妮最近寄來電子郵件告訴我，她現在成為高年級學生，拿到B＋成績，期許自己日後能成為一名記者。此外，金妮還兼任兩個工作，買了一輛車，並且進行小規模投資。難怪她最喜愛的書是霍瑞修．愛爾傑（Horatio Alger）的《穿破衣服的迪克》（*The Ragged Dick*），書中講述的是主角從窮困到富裕的故事。

你可能覺得金妮的成功故事有些誇大，但一點也不，當你能夠發掘內在的力量時，就不會那麼認為，鞏固了源於本能的自信心和信任感之後，就沒有任何無法克服的難題。金妮來找我時，距離全面自我毀滅只有一步之遙，混亂的生活使她深感不安和自我懷疑。金妮過去靠藥物達到極度亢奮時，覺得自己能夠掌控一切，而且無所畏懼，而在清醒時她飽受恐懼、憤怒、自卑和不信任感折磨。自我對話並未改變她的外在客觀條件（她的父親依然冷漠無情），但是透過教導她如何擊退自我否定，讓自信取而代之，她已能運用自己的力量來轉變不安的想法。

”倘若你任由不安全感在自己的生活中迴盪，就別期望擁有想要的人生。“

你將在第三章全面了解不安全感，但當前你理應認識到，如果縱容不安全感扭曲自己的思維，它將會主宰你的生活品質，你的人生將充斥著疑慮、不信任和無力感，就如同行走時不可能一腳朝北另一腳往南，關於不安全感也是相同的道理。假若你的一部分想要快樂、高效的生活，而另一部分卻反其道而行，結果就是：人生變得支離破碎、停滯不前。

不管你是十六歲或六十歲，無論是否陷入情緒困境，或因為缺乏活力、焦慮、自我懷疑、恐慌、憂鬱而煩惱不已，抑或苦於一事無成而覺得自己是受害者，自我對話的訓練可以像引導金妮那樣，協助你重新塑造自己的生活，幫你解脫束縛自己的不安全感和習慣。成為贏家並不是極其複雜的事情，事實上，借助自我對話的五個基本步驟，你會發現那是非常直截了當的事。既然金妮成功了，你必定也能做到。

憑兩個強效字詞轉變人生

讓我們力求簡單。想要翻轉人生，你只須借助兩個效力強大的字詞：「控制」和「習慣」，就是你需要的一切。

控制是嘗試去管理和操控生活，因為你不信任自己自然、自發的應對生活的能力。習慣是指已經變得自動化的特定控制模式，例如愛操心、反覆思量、完美主義等等。理解控制和習慣如何在你的生活中產生迴響，有助於化解最頑強、最不易應付的難題。你可能覺得我說的未免太簡單，甚至有點過於奇妙，但無所謂，假如你能接受分子、原子和次原子粒子構成物理世界這一個肉眼觀察不到的概念，那麼你理應能夠領受這個心理學觀點：你已經擁有改變自己和生活所需的一切，即使你還沒能洞察這個道理。

自我對話強化訓練

無論你此刻抱持什麼樣的信念，應每天進行行動練習，**使自己確信已擁有快樂和成功的生活所需的一切**。你只須放鬆自己並接受前述的基本概念，縱使初始時只能維持幾秒鐘，不要抗拒它。你可以預期自己固有的疑慮和猶豫會造成內心掙扎，但現在就視其為事實並接受它。這個練習最重要的一點是逐步感受到自己獲得能量，以及覺察自己不是人生的受害者。日後，隨著訓練計畫日漸有進展，你將不再苦苦掙扎，你將會全然相信這個道理。

02

選擇幸福，拋下受誤導的目標

我不知道你的想法，但對我來說，生活中最令人沮喪的經驗之一是迷路。幾年前，我和妻子凱倫於八月間開車前往加州，途經南達科他州黑山北部拉皮德城（Rapid City）附近一個營地過夜。隔天清晨醒來時，我在微弱的曙光中留意到帳篷頂部看起來有些異樣，彷彿有人坐在上面。我從睡袋裡出來，首先注意到的是寒意，當時我只穿著短褲和恤衫，肩上裹著毯子。在拉開帳篷的拉鍊後，迎接我的是兩件事：一陣冰冷的狂風，和剛降下不久至少厚達一英尺的雪，而那時是八月！

我們於嚴寒中迅速拆除營帳，並且決定放棄向北走的路線，朝南邊的大峽谷和溫暖的地方前進，我們嚮往著亞利桑那州的熊熊營火，離開了拉皮德城。妻子看著地圖，注意到一條對角路線顯然可以縮短寒冷地帶約一百英里的路程，能讓旅程縮減數個小時。帶著一絲猶豫，我們離開州際公路，沿著新發現的路線往南行駛。大約三個小時後，我們困惑地面對一個寫著「Pavement Ends One Mile」（一英里後柏油路結束）的標誌。我們不知道該怎麼理解這個標示，於是假設它和我們在紐澤西州的收費高速公路上看到的標誌類似，也就是說道路施工大約會綿延一兩英里——沒什麼大不了的。然而，往前行駛一英里後，柏油路面終止了，我們眼前是一條泥濘的道路。但我們還是樂觀地認為，這只是本來狀況很好的路上一處異常路段，所以我們繼續前進。

由於我們正離開地勢較高的地方，原先的降雪已轉變成下小雨，隨著雨而來的是泥巴，我老舊的福特汽車緩慢行進約一個小時後，我開始感覺到車輪逐漸下沉，起初速度較慢，然後越來越讓我感到危險。很顯然，我們必須選擇回頭或冒著陷入泥淖的風險繼續往前。我下車查看狀況，周遭只見悠哉漫步的牛隻，看不到任何文明的跡象，而且汽油已耗掉將近一半。我不情願地做出決定，我們必須回頭。直到深夜，我們才疲憊不堪地回到拉皮德城。在當地一家雜貨店買了一個觸媒暖爐，我們度過了一個寒冷潮濕的夜晚，夢想著心中更嚮往的地方。

人生有時很容易被速成的路線、捷徑或其他誤導性的目標迷惑，我們幻想著，也許能夠憑藉圓滑、運氣或機遇，找到避開傳統道路另闢蹊徑的方法，金錢、權力和地位都是承諾會給予我們幸福的捷徑。我應當說，那是對於幸福的幻覺，當你發現自己走錯方向時，不要繼續深陷在問題之中，只須回歸主要道路。

我們不需要任何長篇大論的哲學討論，讓我為大家引介唯一真正重要的生活之道：追求幸福。我們想望和尋求的是幸福，而且幸福的樣貌將會向我們呈現出來……只要我們願意用自發性來取代控制欲。令人欣慰的是，幸福是一種自然而且自發的人類潛能，你必須做的只是排除那些阻礙它的事物，一旦你不再任由不安全感和控制欲妨礙自己的生活，自發且自然的生命能量就會湧現。

定義幸福

成功是得到你想要的，幸福是喜歡你得到的。——戴爾．卡內基

在過去二十五年期間，我仔細聆聽人們訴說他們對生活的期望。我可以自信地說，一旦排除了受到誤導的目標，大多數人追求的純然是幸福。這並不難理解，我們可以把幸福定義為，順應天性的和諧生活造就的福祉和滿足感。反過來說，雜亂無章、不快樂的生活是由於不安全感扭曲了你的真實本性。幸福主要可細分出三個組成部分：一、個人幸福，二、功能性的幸福，三、社交／關係幸福。

定義個人幸福：解脫束縛

誠如富蘭克林所說，「憲法僅賦予你尋求幸福的權利，你必須自己去獲取幸福。」當不安全感開始主宰你的生活時，對幸福的追求將戛然而止，當人生受控制欲驅策的時候，你不可能享有真正或持久的幸福。儘管我衷心贊同富蘭克林先生對幸福所下定義的要旨和精神，但容我

就定義中一個詞彙表達異議。對我而言，與其說「獲取」幸福，不如說**「釋放」幸福**。就在數週前，我見證了一個很好的例子。我的兒子賈斯汀幫他在紐約的朋友照顧拉布拉多獵犬柯比，他為柯比解開牽繩，並在院子裡扔網球讓牠撿，柯比在還沒能適應的偌大空間裡，以不受拘束的速度和喜悅盡情地活蹦亂跳。我知道狗不會像人那樣開懷暢笑，但很清楚這時柯比是一隻快樂的狗。城市生活會限縮狗發揮本能的機會，牠們的幸福感受到套繩長度的限制。

不安全感就像是一條束縛你的繩索，會使你的生活體驗處處受限，自我對話的訓練是你獲得解脫並使幸福感湧現的方法。就像柯比那樣，一旦你擺脫了不安全感的制約，其他的一切都會自然而然地發生。

釋放被禁錮的個人幸福，滿心喜悅地生活，並與人產生連結，是自我對話的基石。讓我告訴你關於克萊兒的故事。她是一位中年顧問，曾參加過我關於自我訓練的說書會，她的故事不僅反映出個人幸福的本質，也體現了自我對話的核心和靈魂：

我記得自己總是憤怒、恐懼、焦慮、到處批評，而且悶悶不樂。我知道人生最好的部分已經消逝，我的未來不再富藏資源。想像不到的是，我已習得自我對話指引的希望、樂觀和無窮可能性。我很滿意現在的生活，每一天都充滿前景，我確知自己可以充分利用任何挑戰。我安然自得，並且對此感到驚奇。

昔日的我並不快樂。當我遇見盧恰尼博士的時候，必定強烈地散發不信任感和批判。我沒有從事過自己想做的任何事情，對未來憂心忡忡，畏懼內心的陰影，批評自己和家人，無法做出簡單的決定。我的社交生活只有禮貌地應對郵差，以及找電話促銷人員的麻煩。

我已經採行過一系列小步驟。我讓自己選擇一些不熟悉的路徑，這是為了看看它們會通往何處。多麼大膽創新的想法，我可以嘗試一些事情，不必擔心結果！這個主意來自盧恰尼博士的談話。他鼓勵大家樂於冒險，好活出真實的自己。我決心勇於嘗試，首先把它應用到一頓外賣中式晚餐。我告訴自己，食物不需完美，只要可口就好。我沒像往常那樣吃個晚餐也要掙扎半個小時，而是追隨內心的衝勁冒了一次險，我從未吃過用解放感調味的飯，那真是美味。

接下來，我用自製的藍莓果醬進行另一項試驗，我想送一些果醬給新鄰居，但不知道他們是否愛吃果醬，我也不清楚給一罐會否顯得吝嗇，更不曉得自己帶果醬過去會不會打擾到他們。或許我應該事先致電告知？但我不知道他們的電話號碼。所以，也許我應該忘掉這個想法。呸！這時我停止了反覆思量，提醒自己不必強求完美，這只是一個單純的分享行為。於是我把果醬拿給新鄰居，還留下來喝了一杯咖啡，與他們聊了一個小時，從而結交了新朋友。

此後，我能夠更輕易地辨識，什麼習慣會使我猶豫不決和心生不安全感。它們先前扭曲了我的認知，讓我長時間受到束縛。認知並非總是易於轉化為行動，但我逐漸學會提醒自己，不必接受負面情緒或認為自己是受害者。我看待生活的方式，將成為未來生活之道。我以往誤信了不好的事，而現在我相信美好的事！

功能性的幸福和成功：克服厭倦感和疏離感

功能性的幸福和成功與你的作為息息相關。你所做所為以及對種種作為的感受，往往會成為阻礙成功的巨大絆腳石：「我只是一位全職媽媽，怎能成功呢？」或者，「我從未完成大學學業，現在開始已經來不及了。」常聽到的抱怨還有：「我的工作（或生活、學校）太無聊了，我討厭它！」關於幸福，安・蘭德斯（Ann Landers）和艾比蓋爾・范・布倫（Abigail van Buren，又稱親愛的艾比〔Dear Abby〕）都認為，你的真實自我比所做所為更重要。我們所見略同。我同意，自我肯定與珍視自我價值的能力，是真正和持久的幸福不可或缺的要件，但我也明白，倘若日常工作令你感到痛苦，將會影響你的幸福感。

那麼，幸福的更完整定義是什麼呢？自我對話對於前述建議提供以下的補充：**你的真實自我比所做所為更重要，而且你所做所為不如你對種種作為的感受重要**。

讓我詳加闡釋。人類有一種合理的需求，那就是從我們做的事情裡找出意義和自我表達方式，這是一種全然正常且健康的渴望。當遭受挫折、遇上阻礙或無法找到自我表達方式時，我們往往悲嘆事與願違，甚至感到沮喪。部分問題可歸咎於我們對成功和失敗的看法，我們常犯的錯誤是拿自己平淡無奇的朝九晚五生活，來對比那些雇用司機開豪華轎車接送的富商，或是在法國南部擁有第二個家的好萊塢巨星。

這種比較會有意或無意地使你對生活充斥懷疑、遺憾和不切實際的期望，畢竟狗仔隊不會每天跟蹤你，偷拍你洗碗、遛狗或對孩子大吼大叫的照片，除非你是奧斯本一家的成員（編按：

奧茲・奧斯本〔Ozzy Osbourne〕是英國重金屬音樂教父，與家人在二〇〇二年的實境節目《奧斯本一家》〔*The Osbournes*〕，展示他們一家人的日常生活）。於是，你斷定自己受困於枯燥無味的世界。

假如你詢問某個人，「哪一個工作更重要：造橋還是擦地板？」你猜對方會怎麼回答？你可能會得到一個困惑表情，並被告知造橋顯然是更重要的工作，這肯定是傳統的代表性答案。但從純粹的心理學角度來看，我們真的可以說造橋的重要性勝過擦地板嗎？我認為不行，原因如下，**幸福的關鍵不在於你做什麼，而在於你從自己做的事得到什麼**。重點與橋梁或地板無關，而是造橋或擦地板的經驗對於你的意義。

倘若你擁有符合自身才能和需求的職業，那麼你可以認為自己是有福的。我的園藝師帕皮對工作十分投入，工時結束了還捨不得離去，必須強迫他收工。帕皮對於園藝的興致深具感染力，有時我們一起到在地的採石場或園藝店尋寶，跟著帕皮走進苗圃就像是陪孩子去玩具店，他全然無法克制自己的興奮之情。帕皮始終心繫園藝，常在凌晨兩三點萌生想法或靈感而醒來，他以園藝設計來展現自己的靈魂。據我所知，像帕皮這樣透過熱愛的事充分實現自我的人屈指可數，我遇到的大多數人似乎都是為生活埋頭苦幹和得過且過的人，他們做事只有一個原因——他們必須工作。對他們來說，工作是一種必要的惡，肯定不是一種樂事。

你呢？你是否自暴自棄、充滿挫折感，或抱持絕望的態度過日子？當然，陷入這種困境自有林林總總的原因。生活上的各式需求肯定不容忽視，比如說賺錢養家、償還汽車貸款、為孩子的大學基金或來年的暑期活動存錢。也許你試圖找到更稱心如意的工作，頻頻寄出履歷，也打過不少電話，但就是時運不濟。你萌生無力感，承認自己一籌莫展：「世事就是這樣，我理當做自己必須做的事。」也有找我諮商的人說，「當然，我不喜歡自己正在做的事，但這就是人們稱其為工作的原因，對吧？」

你當前或許被困住了，可能沒有其他好選擇，我不否認會有這些情況，但我不能苟同的是，自認毫無選擇餘地。你目前可能無從選擇自己的工作，然而你確實能夠選擇更切心合意的生活，無論你的工作境況如何！

不安全感往往會讓人傾向迴避某些生活挑戰，我們把這種事不關己的感覺稱為厭倦。記住，厭倦感的另一層含意就是疏離感。厭倦感和疏離感通常只是一種試圖使自己免於失敗或受挫的方式，當面臨令自己心灰意冷和失控的情況，或是感受到不安全感的威脅時，人們的反應可能是，「我應付不來！」這在人際關係上也不乏實例：「約翰就是個乏味的人。我為什麼要把時間浪費在婚姻諮商？」感到厭煩、置之不理，或是消極以對，可能形同能夠滿足控制欲的藥方。比如說，「即使被解雇，我也不在乎。誰需要這種工作呢？我寧願做一些更有創意的事。」或者，「不，我不會花太多時間去思考丈夫的事，我有更好的事要做。我只是希望自己嫁給其他人。」

請不要誤解，如果你確實受困於沒有前途的工作或關係之中，我不反對你尋求更滿意或能激勵你的經歷。我要說的是，無論當前境況如何，你都不必感到厭煩或麻木——**你有選擇！**關鍵是學會投入自己做的事中，無論是砍柴或打水，只要你投注了自己的能量就能帶來改變。在後面的章節，我將講授具體的自我對話訓練方法，以幫助你傾注個人能量，徹底轉變生活。現在，你可以單純地思考如何使自己做的任何事情更有意義，藉此來為打破消極的反射式循環奠定基礎。你理應嘗試建立連結，而非放任疏離感擴大。

”對自己做的事引以為傲，就不會感到厭倦，只會覺得幸福。“

自我對話強化訓練

對於日常工作、家庭雜務或正常生活的需求，倘若你發現自己努力掙扎著維持幹勁，那麼你可以在每回停滯不前、頻頻查看時間、或抱怨連連的時候，想一想這句話：連結勝過抽離。從現在開始，**與其在腦海中做白日夢，不如選擇理解情況並且投身其中**。請記住：連結是一種選擇。你會發現，只要投入自己正在做的任何事情之中，將擁有對抗厭倦的解方，同時也將領會如何過上更有意義的生活。連結勝過抽離。

社交／關係幸福：不要逃避與人相處

這是幸福三組合的最後一個元素。我覺得，個人幸福和功能性的幸福相當重要，而適切的社會連結和親密關係是幸福的極致表現。人類是社會性的生物，只要我們有機會，自然會尋求建立人際關係。在二〇〇一年九月十一日上午，我深刻地體驗了這個道理。那天是週二，早晨我悠哉地開車前往曼哈頓上班，然而通勤路程突然被雜亂無章的電台報導打斷。有一架飛機撞上紐約世界貿易中心雙子塔的北塔，難怪我經過收費站時發現不尋常的黑煙。

在接近喬治華盛頓大橋時，我預料那裡會因為可以清楚看到雙子塔而致交通壅塞。正如預期，當我到達橋面時，車流變得緩慢，然後完全停止。新聞報導已陷入狂亂狀態，更在第二架航機撞進南塔時變得更加歇斯底里。我在疑惑不解和心緒混亂的情況下走出車子加入其他人，所有人都用無法置信的眼神凝望著那片不可思議、永難忘懷的火海。

有些人在哭泣，有的人不斷咒罵，有人面無表情，有人目瞪口呆，但每個人都凝視著碧藍天空下熊熊燃燒的橙色和黑色烈焰與濃煙，我們的大腦拒絕接受這一切。直到南塔崩塌，我才注意到一些十分驚人的事情。在我們的刻板印象中，紐約人向來被貼上冷漠或沒禮貌等標籤，然而在那天令人焦慮不安的恐怖時刻裡，一切都改變了。橋上每個人都難以解釋地靠近彼此，而不是獨自站在那裡。在我們從橋上撤離之前，我注意到身邊有許多比肩聚攏在一起的人群。我們的家園正遭到侵犯和破壞，我們微不足道的自我顯然無法單獨應對這起百思不解的恐怖事件，我們需要彼此，我們必須在身體和情感上靠在一起。不知何故，我們的本能明白這個道理，原本彼此陌生的人們在內心引導下凝聚起來相互依靠。

在適切的情況下，人類自然而然地想要彼此建立關係，但是，為什麼這麼自然的事情有時看起來如此不自然呢？這種矛盾情況的成因在於，**不安全感與一種下意識的反應結合起來，我稱之為「反射式思維」**（Reflexive Thinking，第六章將進一步探討），從而造成一種不自然的、孤獨的、可控的生活方式，畢竟，與他人締結關係可能具有風險。對於一個控制導向的人來說，猶豫不決往往是多慮的結果：「我怎麼知道他不會占我便宜？」「如果她認為這是調情怎麼辦？」許多最終接受心理療程的人，早就以控制情緒取代建立適當關係。為了管控情緒，他們的感受必須被稀釋、過濾或審查。這一切都是為了消除內心脆弱的風險，或至少使風險最小化。這種過程會造成生活陷入瓶頸，於是更自發的事情變得只可能在罕見或不尋常的情況下發生。

我怎麼知道相處和愛是出於本能呢？因為我一再見證，人們擺脫不安全感後，情感上油然而生更加包容的態度，每次皆如是！一旦停止管控情緒，你將逐漸相信自己可以處理親密關係的脆弱性，對於情感疏離的人來說，這顯然是莫大的要求。毫無疑問，勇於承受敏感、親密性或愛的風險，可能使你面臨方方面面的挑戰。我要事先提醒你：倘若執意操控各式關係，那麼你注定只會得到淺薄的、機械式複製的關係。有位朋友開著玩笑指出：「寧願愛過而失去愛，也不願愛過而戰勝愛。」他是認真的。如果你逃避真愛，將永難體驗真正的幸福。

愛與親密關係可能遭逢許多障礙。倘若你維持一種精心管控的人設（你向世人投射的自我形象），那麼你可能抑制了自己更強烈、不設防的感情被他人感知的機會，比如：「我不能讓他覺得我很享受性愛。他會認為我是什麼樣的女孩啊？」或者，「我當然會壓抑情感，畢竟我不確定真情流露會引發什麼結果。」懼怕被人拒絕可能會阻礙關係進展。對於許多人，尤其是男性，浪漫情懷和性方面的表現可能是特別敏感和棘手的課題。

在媒體炒作下，諸如彼此達到性高潮、無窮無盡的持久力等神話，迫使許多男人在性活動中形同旁觀者，沒能盡情體驗親密關係，身陷不安全感的束縛中，從旁觀的角度檢視和評估自己的表現。這肯定會剝奪狂喜瞬間的快感，取而代之的是支配欲和千篇一律的作法。女人因為不需要像男人那麼擔心性方面的表現，所以比較不會感受到這種焦慮。儘管如此，女性未必能全然免於焦慮，她們更掛慮的往往是外表而不是表現，而這可能會讓她們在親密關係中分心。

底線在於：別讓自我懷疑、不安全感和支配欲扼殺親密關係。親密關係有賴於你能否不受制於大腦，讓更自然的感覺和本能來引導你，如果你發現自己在觀察或評估，那麼狂喜的體驗將遭受嚴重的限制。受不安全感驅策的想法只顧著對心火澆冷水，努力說服你「保持冷靜」或是「不要太興奮」。

如你所知，不安全感厭惡風險，倘若你始終不願冒險嘗試改變，不安全感就會完全支配你。即使內心猶豫不決，你理當不畏風險，堅信真實的自我不必受不安全感的壓迫性眼光監控。一旦你承擔風險信任自己，接下來就只剩放手的問題了。當然，假如你不習慣信任自己（或你的伴侶），你可能會覺得鼓勵你改變心態的話聽來很魯莽。然而，信任自己確實可以拯救你的種種關係，所以勇往直前，別再逃避，不畏風險去感受自己的情感——就讓它發生。你可能會發現自己是冒犯世人的怪物，也有可能你的生活將充滿真誠的親密關係和深刻見解。我們談論的課題是，能否擁有自己的人生，而這取決於你自己。

關於親密關係，我最後再補充一點。我們理應認清，在一段關係裡，性經驗／親密體驗會準確反映出我們的整體關係樣態。假如你的親密經驗是開創性而且無拘無束的，那麼你可能在關係中體驗到相同的能量。然而，倘若你的親密體驗是機械化和不知變通的，那麼你的關係在某個重要層面上，將會受制於情緒控制，並且了無新意。在愛與彼此連結中，我們的目標就是保持始終如一。關係的方方面面都應是你和你的情感自然的、自發的表達。如果不是這樣，那麼可能是時候採行自我訓練了。

受誤導的目標：為什麼你不快樂

富有的人不是擁有最多的人，而是需求最少的人。——盧恰尼的祖母

在界定生活中真正重要的事情時，許多人遭到我所稱的受誤導的目標蒙蔽。你怎麼知道自己的目標是否合情合理？倘若你想避免不必要的挫折，不想浪費寶貴時間的話，回答下列問題顯然是你的優先要務。

自行檢測受誤導的目標

請仔細閱讀以下問題，但不要過度思考你的答案，根據你生活的普遍情況來圈選是或否，即使你不完全確定，也要回答每一個問題。測驗結束後計分。

是　否　我總是嫉妒他人。
是　否　我往往期望自己更相信真實的自我。
是　否　我永遠不會有足夠的錢。
是　否　我根據穿著來判斷人們。
是　否　我的競爭心可能過於強烈。
是　否　如果我沒有主控權就不會快樂。
是　否　我有欺凌或操縱他人的傾向。
是　否　我始終希望自己成為名人。
是　否　我必須看起來比其他人更好。
是　否　我容易情緒失控。
是　否　擁有專業／職業頭銜很重要。
是　否　我必須讓人們尊重我。
是　否　我怕自己不會成功。
是　否　我不反對利用他人來取得成功。
是　否　金錢可以買到快樂。
是　否　倘若不是最昂貴的東西，我寧願不要。
是　否　為了獲得成功，我願意犧牲生活中大部分事物。

是　否　對我來說，伴侶的外貌十分重要。

計算你圈選了多少個「是」。6個或以下表示你並未過度遭受誤導性的目標驅使，自我對話的訓練可以培養你更深刻地覺察生活中真正重要的目標和抱負。

7到12個顯示你受到被誤導的目標中度影響，不安全感正在驅策你的某些想法，從而限制你最終獲致真正滿足的能力，自我對話可以為你的整體幸福感帶來顯著的差異。13個以上意味著你的目標確實受到誤導。你的生活因不安全感造成的扭曲而蒙受損害，自我對話可以顯著改變你的觀點，你將學會追求那些能夠帶來真正滿足和快樂的目標，而不是尋求控制。

如同我將在本書引介的許多概念一樣，當人生目標是被不安全感驅動時，它可能成為問題而非解決方案。不安全感驅使的目標是受誤導的目標，它們賦予這句話意義：小心你的期望，因為可能會成真。簡單來說，任何不安全感驅策的目標都與控制息息相關，而不是成就感。我們可能有範圍廣泛的各式受誤導的目標，罪魁禍首主要有三個：

一、金錢——把錢財累積等同安全和快樂

二、權力——將追求權力和勢力等同使自己無懈可擊

三、地位——把謀取地位視同與人親密、被愛和獲得敬重

對金錢、權力和地位的追求都可以直接透過你的行為表達出來。例如，當不安全感驅使你想要擁有勞斯萊斯汽車時，這種行為（擁有勞斯萊斯）表達的可能是金錢能買到的東西、獲得權力、一種地位象徵，或是同時包括這三者。區別那些受不安全感驅策的勞斯萊斯車主的方法是，了解他們試圖控制什麼。例如，透過金錢表明我能夠買到安全和快樂，或是藉由權力宣示，我可以要求忠誠並且覺得自己刀槍不入，或者是倚仗地位指出，我能夠變得如此舉足輕重，進而可以讓人們愛我並且尊重我。

受誤導的目標一：金錢

金錢訴求的唯有自私自利，而且會引誘人濫用它。誰能夠想像握有卡內基錢袋的摩西、耶穌或甘地？——愛因斯坦

三十五歲的銷售員丹尼斯對生活不滿且一事無成，以致夜難安寢，於是前來找我諮商，他認為我聽過他的故事之後，就能發掘出阻礙他過上富裕和成功生活的原因。結果證明，丹尼斯的目標是將方形木樁塞進圓形孔裡的問題，這是追求受誤導的目標者典型的表現——生活凡事都不符合目標，一切都達不到要求。生活顯然鄙棄了那些本質上毫無價值的追求，結果就是失敗、挫折或不快樂。以下是丹尼斯在首次談話時告訴我的事情：

我確實變得煩躁不安。我看到其他人開賓士，住在昂貴的房子裡，闊氣地花錢，而我還在省吃儉用。自從孩提時期，我就發誓長大後要成為大富豪。好吧，我成年了，也努力了。請相信我已經全力以赴，我不怕勞心勞力，事實上，我全心全意投入工作。然而，我的生活貧乏，妻子總是抱怨見不到我。我不知道自己還能做什麼，我們的生活就只是每個月努力支付帳單，我們需要錢！相信我，錢的確可以買到幸福。

丹尼斯並不是唯一認為金錢多多益善的人。他像多數人一樣相信錢財是美好生活的關鍵。然而，請想一想他犧牲了什麼，我們必須問，這樣值得嗎？他一週工作七天，難得見到醒著的女兒，他的婚姻開始顯露出遭到疏忽和受損的徵兆，最嚴重的是他感到痛苦萬分。儘管如此，丹尼斯覺得他比別人懂更多——他只需找到賺更多錢的方法。

你認識多少像丹尼斯這樣的人，追求永恆的胡蘿蔔——金錢？我前幾天看了一部關於佛羅里達州棕櫚灘富豪的紀錄片，他們設定並且超越了炫富式消費的標準。影片旁白說，這個富裕社區的一些居民住在面積超過六萬平方英尺的濱海豪宅中，我的高中校園占地還不足六萬平方英尺！在添購了第四輛進口豪華車，建造了一棟需要地圖才能穿梭其中的宅邸，遠赴地中海蔚藍海岸度假之後，如果他們仍然不快樂，那該怎麼辦？他們還剩下什麼？毒品、酒精、離婚、憂鬱症和自殺，這些對於有錢有閒的階級來說並不陌生，那是他們的處境無可避免的事物。

在我成長的過程裡，母親往往祝願我不要賺太多錢。她真的這樣祈禱！我記得當時想的是，真是謝你了，媽！如今我已長大成人，能夠領悟她的智慧。她並非不希望我過得舒適或快樂，她知道錢會對人造成什麼樣的影響。她是一位明智的女士。

受誤導的目標二：權力

權力是終極的春藥。——亨利．季辛吉（Henry A. Kissinger，美國前國務卿）

第二個受誤導的目標是追求權力或勢力，將之視為可使自己無懈可擊。字典將權力定義為有能力操控、影響他人並樹立威信，如果你記得我們之前的討論，不安全感是源於個人早期的發展過程，對權力的渴望可以有許多歷史根源，但通常涉及成長於被強勢的兄弟姊妹控制的環境，受制於專橫且處處設限的父母，或是處於受人壓迫的形勢，無論具體的發展條件是什麼，可以肯定的是，對許多自我否定或自卑而苦苦掙扎的人來說，權力就像是一種強效補藥。另一方面，假如你有幸在自主的環境中長大，可能不會有強烈的支配或操控他人的需求。

三十一歲的刺繡工廠主管葛洛莉亞在應對工人時感到自己無比強大，她的座右銘很單純：害怕有用。她很清楚工作機會稀缺，轄下員工都是對保有工作心存感激的非技術性勞工，而且自己掌握了聘用或解雇工人的權力。葛洛莉亞的管理方法是訴諸恐懼，她經常折磨、威脅和羞辱手下工人。這種情況持續了許幾年，直到有一天某位女工的丈夫來找她談話，他說妻子懷孕了，醫生診斷說她正處於精神崩潰邊緣，如果她不能冷靜下來，有可能會失去胎兒，這個男人忍不住哭求葛洛莉亞對他的妻子寬容一些。

這件事觸動了葛洛莉亞的心弦。隨著時間推移，她逐漸感到自己失去控制，幾乎迷失了方向。她對待「女孩們」的絕對嚴厲方式逐步瓦解，雖然她努力對抗焦慮和沮喪，但這些並不是問題——只是她的症狀。她的問題在於錯誤地渴求用權力來使自己感覺內心並不那麼脆弱，權力給了她一種幻覺，讓她覺得自己無所不能、掌控一切、安全無虞，以致她從未意識到自己變成了一個冷酷無情的霸凌者。

這是一個極端的案例，葛洛莉亞的故事告訴我們，如同春藥一般的權力極具破壞力，對於無能為力和內心脆弱而苦苦掙扎的人來說，擁有權力可能是一種心醉神迷的經歷。權力會透過許多細微的方式展現出來，也許你試圖掌控他人，或是必須主導對話，或者有點頤指氣使，或是競爭心過旺。倘若你覺得權力極具吸引力，或是發現自己必須主宰事情，那麼你必須留意了，你可能正像葛洛莉亞那樣，過著遭到不安全感扭曲的生活，而你永遠不會滿足於被不安全感驅策的生活。當你的快樂和幸福感仰賴自己對他人的支配時，如何能夠心滿意足？

以權力為目標另外有以下這些例子：

- 當你必須感覺自己在身體上優於他人時（塑身、學習防身術、節食等）
- 當你企求占有主宰或權威的位置時
- 當你利用自身所受教育、訓練或經驗來支配或欺凌他人時

• 當你必須處於可打敗他人使自己有優越感的位置時（例如競技運動、職位晉升、各種形式的情緒失控等）

受誤導的目標三：地位

人的價值不在於金錢、地位、身分或財產，那些都是無關緊要的東西。人的價值在於其品格、智慧、能力、活力、深厚感情、創造力、勇氣、無畏無懼、觀點、獨立自主和成熟。先生，你似乎十分看重前者，這表明你嚴重缺乏後者。——馬克．布林頓（Mark W. B. Brinton，領導力專家）

第三個受誤導的目標，是對地位的渴望。人們認為擁有金錢能夠買到安全，掌握權力可以獲取安全，享有地位能贏得安全。著名的神話學家喬瑟夫．坎伯（Joseph Campbell）曾在一次訪談指出，他對一群高中生自述的目標感到憂心忡忡，因為他們當中絕大多數人渴求「名氣和聲譽」。對於在社會上沒沒無聞、心生不安而咬牙苦撐的人來說，成名似乎有很大的吸引力。揚名立萬對大多數人或許有些遙不可及，但我們仍然可能享有不同程度的名聲。

地位有許多表現形式。以下是其中一些：

• 擁有象徵地位的物件：房屋、汽車、名牌衣服
• 表面上的關係（擺設的妻子或丈夫）
• 頭銜（經理、總裁、醫生等）

・由不安全感驅動的社群尊敬（展示積極進取、智慧或聰明才智等等）

❞受誤導的目標，例如追求金錢、權力和地位，都是由不安全感驅動。它們是「從外朝內」的嘗試，意圖是讓自己感到更安全和掌控一切。然而，唯有「由內而外」的意識所驅使，基於自我信任和自發性的目標，方能帶給你持久的幸福。❝

地位宛如一種制服，可以是你向世人炫耀的東西，嘿，看看我，我真的很傑出。你呢？你是否穿著這類制服、是否試圖累積任何獎章、是否必須受人關注或尊敬？如果是這樣，你可以運用自我對話來抵禦不安全感的企圖。打造虛飾的顯赫地位並不是幸福的唯一機會，尋求地位從來與地位本身無關，而是試圖透過尋找人生的一種角色，來彌補你那深深的自卑感。

你是否被金錢、權力、地位或類似的幻覺困住？假如是這樣，現在正是時候挑戰這些源自不安全感的假象，認清幸福的真實面貌。記得：**你並非尋求幸福，而是釋放幸福**。

第二部

你的問題：改變的根源

03

不安全感從何而來？

第一次見到安娜時，我十分震驚。那時我正要結束一場心理諮商，突然有人猛敲諮商室的門，我趕緊開門查看究竟。一位怒氣沖沖的女士瞪著我咆哮：「八點了，我預約的時間到了！」我盡可能克制自己，禮貌地請她再等一會兒，她心不甘情不願地答應了。當我準備開始與安娜諮商時，她滿臉通紅地衝進房間，預備和我大吵一架，我被她的凌厲攻勢搞得措手不及。她表明不喜歡等待，並質問是否必須支付整整一個小時的諮商費用？這是我第一次應對安娜時的經歷，而且後來情況並沒有改善。

我無法確認自己究竟如何在初期的諮商中保持冷靜，但我確實做到了。我沒讓這個粗魯無禮的五十二歲女人影響自己，即使有時她會針對我個人：「你真的親自挑選了那條領帶嗎？無意冒犯，但是你的品味實在不怎麼好。」而且她在每句話後幾乎都會接著問說，「你有聽我說話嗎？」呼，她真是讓人疲憊。

沒有求診者會如此忿忿不平、懷有戒心、冷漠無情，除非是存心想要吵一架。安娜來到我的諮商室時就是預期將爆發一場爭鬥，她預設我會試圖操縱她，浪費她的時間，拿走她的錢，並使她比一開始遭遇更多的問題。她從未想過，我可能真的想幫她。為什麼她會這樣？安娜生活中的每個人都非常清楚地表明，不想和她有任何關係。當然，安娜對此毫無頭緒，她只能寫下自己的觀察所得，並且堅稱她反正不需要其他人。安娜在法院任職，銀行裡有存款，也買了健康保險，而且養了三隻貓。她還需要什麼呢？在她看來，這就是最好的生活。

我對於安娜堅稱這正是她想要的生活感到困惑，既然如此，她為什麼決定接受療程呢？她不太情願地承認，她的老闆下了一個非正式的最後通牒：接受治療，否則會有麻煩。他表明部門裡每個人都在抱怨她無可救藥的敵意，這令他不勝其擾。我發現我不僅要應對一個盛氣凌人的女暴君，而且她還是被老闆強迫治療才來的，真是可怕。

所幸我長年的諮商經驗得有了回報。打從一開始我就認知到，安娜的敵意是一種心理防衛機制，作用是為了護衛內心深切的不安全感，這種不安全感促使安娜在面對可能意欲傷害她的敵對世界時採取自保措施，安娜先發制人，搶先傷害對方以免自己遭受傷害。對她來說，一切似乎完全合情合理，這給予她一種受到保護的錯覺。在某種意義上，她確實受到保護——沒有人能接近她到可對其造成任何傷害的程度。誰都不想親近安娜！

你可能會猜想，我將告訴你可用來緩和這種敵意的高超策略。不好意思，我的策略絲毫稱不上卓越，它十分簡單。我體認到自己應做的是，不要陷入安娜的敵意造成的情勢之中，這確實有效！我忽視她毫不容情的攻擊，並且有條有理地努力透過真心關切來與她建立關係。你可以想像，這並非總是容易做到的事。

我的應對方式起初讓安娜不知所措。她是在憂鬱、酗酒的母親（生下安娜時年僅十五歲）的折磨和忽視下長大，她唯一熟悉的對待就是遭人嫌棄。十歲時她被送去與為人正派的阿姨同住，遺憾的是這位阿姨非常欠缺教養技能。然而，這時安娜的不安全感已成為一種習慣，她體重過重、憤世嫉俗、疏遠同儕、麻木不仁，而且在學校時常遭人嘲笑。你可以想像，我採用非傳統、善解人意的回應方式對安娜構成挑戰，她不知道如何放下戒心，與我建立關係。過了一段時間，她對我的攻擊逐漸減少，一步一步地鬆弛，最終卸下心防。對她來說，放棄防禦並不容易，而當她做到之後，事情隨之迅速進展。

安娜開始理解生活受不安全感支配的可能後果，從而能夠做出一些健全的選擇：「我今天工作時決心不去想像各式問題。泰莉一言不發地在我桌上放了一些東西，通常我會瞪視她，懷疑她的沉默是一種自認比我優越、洋洋得意的表現。但這次我擊退了不安全感，我實際上強迫自己說了『謝謝，泰莉。』你應該看看泰莉的表情。她顯得震驚，並且小心翼翼地緊閉雙唇勉強露出微笑。我承認那並不自然，但這種感覺確實很棒！」

雖然安娜咄咄逼人的態度看起來很極端，但它清楚地顯示不安全感對人的個性可能造成破壞性影響。每個人都想要有安全感和在生活中受到保護，如果不安全感開始扭曲我們對於危險的看法，我們的生活方式可能會像唐吉訶德那樣，看見風車就宛如看到了巨龍。安娜隨處都把風車當成巨龍，這就是不安全感最擅長的：讓你誤信假想的事而不是相信事實。

了解你的根本問題

阻礙你擁有理想生活的挫折和掙扎，都可以追溯到一個根本問題：不安全感。無論你是面臨焦慮或沮喪等嚴重問題，或是每天陷入負面狀態和憂心忡忡，都永遠不要高估不安全感的影響。就如同園丁會告訴你拔出蒲公英的根有多麼困難，你的不安全感根源會用同樣的抗拒和頑強對付你。但你擺脫不安全感的努力必須堅持到底，倘若你不能堅持，那麼不安全感最終會扼殺你過上更自然且自發生活的可能性，就像雜草會肆虐花園一樣。

什麼是不安全感？讓我們來檢視一些關於它的事實：

- 不安全感是一種脆弱和（或）無助的感受。
- 不安全感源於童年的心理創傷，無論是真實的還是想像的。
- 不安全感使你誤信自己無法應對生活或生活的某些方面。
- 持續的不安全感出自被扭曲的現實，而不是基於事實。
- 不安全感會形成一種積重難返的思考和認知方式。
- 不安全感會使自我知覺準確的可能性降至最低。
- 隨著時間推移，你將覺得不安全感是個性的其中一部分。
- 不安全感會日漸惡化。

• 就如同任何習慣，不安全感可以被打破。

讓我們花一些時間來評估自身的不安全感這項根本問題。

自行檢測不安全感

請仔細閱讀以下問題，但不要過度思考你的答案，根據你生活的普遍情況來圈選是或否，即使你不完全確定，也要回答每一個問題。測驗結束後計分。

是　否　我在陌生人面前往往感到害羞或侷促不安。

是　否　我寧願待在家裡也不想出去冒險。

是　否　我希望自己更聰明。

是　否　我的錢永遠都不夠用。

是　否　我通常抱持悲觀的看法。

是　否　我總是期望自己的外表更吸睛。

是　否　我覺得自己不如他人優秀。

是　否　倘若人們了解真正的我，就會對我有不同的看法。

是 否 在人際關係中，我傾向於依賴對方。

是 否 如果有人默不吭聲，我可能會認為他生氣了。

是 否 我始終不敢太親近他人。

是 否 假如我不那麼惴惴不安，將會更快樂。

是 否 我懼怕很多事情。

是 否 我傾向於隱藏自己的感情。

是 否 在與人的互動中，我常表現出敵意。

是 否 我經常想要知道人們對我的真實看法。

是 否 我不易信任他人。

是 否 我擔心自己的外貌。

是 否 我很難拒絕別人。

是 否 我有過度敏感的傾向。

是 否 我過於謹慎。

是 否 我憂慮自己可能會生病。

是 否 我時常感到內疚。

是 否 我討厭自己在照片裡的模樣。

是 否 我不認為自己是內心堅強的人。

如果你圈選了1到10個是，這表示你感到不安全的程度還可以接受，你可以善用本書來發展自我，而不是修補個性。

倘若你的答案有11到16個是，這意味你的不安全感屬於中等程度，不安全感可能正在阻礙你過上高效、成功的生活。你可以期待本書將顯著地改變你對世界的看法和體驗。

假如你回答了17個或更多是，那麼你的生活可能因不安全感而遭受重大干擾。你的自尊和自信可能已被不安全感侵蝕，而且很顯然你必須重塑思維和知覺。

天性加上教養

我最近在一場演說中提到，沒有人天生缺乏安全感，**不安全感是後天學習所致**。在這場演講的問答階段，有位心煩意亂的母親對我的觀點提出挑戰。「你無法說服我孩子們不是天生就欠缺安全感，」她說。「我可以從自己的孩子身上看出這點。我最小的孩子一直十分羞怯，不太願意嘗試新事物，並且怕東怕西。這些並不是他學會的，他一直都是這樣。」

這位母親的觀察似乎和多數人對自己孩子的看法一致。在任何一處兒童遊樂場，你都會看到哪些孩子是領導者、追隨者、哭泣者、抱怨者、悶悶不樂者和獨來獨往者，顯然，孩子們似乎都有某種人格特質傾向，但是這種傾向能否等同於不安全感呢？要回答這個問題，必須先理解不安全感和人格特質傾向之間的區別。

我將人格特質傾向定義為人的特定生理或心理特質的遺傳傾向。對於酒精、肥胖、音樂、藝術、數學、運動、內向或外向，我們會有各自的人格特質傾向，而一種傾向除非是被欣然接受並獲得強化，否則不一定會表現出來。

以麥特為例。他並未有意識地接受易胖體質的遺傳傾向，但他固執地拒絕正視真相，導致自己失去了一段關係。據麥特記憶所及，他一直因過重和缺乏自信心而備受煎熬。麥特二十九歲時結識一名女子，並有了第一次親密關係，不幸的是，他的不安全感阻礙了愛情發展的任何可能性。早年受人嘲笑和戲弄的經驗使得麥特心中留下傷痕，對自己的體重產生極度不安全感，當麥特長大成人後，他的潛意識允許不安全感界定其自我價值，雖然麥特體重從未達到肥胖程度，但他卻認為自己令人反感。儘管對自己感到厭惡，他的關係還是有所進展——至少有一段時間是如此。可悲的是，麥特越來越焦慮，以致最終決定結束這段關係。

麥特的故事顯示，人格特質（麥特的易胖體質）可能不經意地與原始的、孩子氣的不安全感聯繫在一起。當麥特透過不安全感的迷霧檢視自己時，他斷定沒有人想要他，即使有人確實想要他，麥特也不願冒險相信，即使女友懇求他，麥特也不為所動。他聽從了不安全感，誤信終有一天女友會對他的體態感到厭惡，自我懲罰導致孤立和情緒內耗的惡性循環，並且惡化為魯莽的暴飲暴食和酗酒。對於麥特來說，減重不是他改變人生的選項，他已經得出結論，確信自己的命運已經注定、不可改變。操控麥特人生方向的不是體重問題，而是他的不安全感——

他的「是的……然而」思維偏差，以及孩子氣地堅持把頭埋進沙裡，逃避生活。

”基因可能會影響你的生活，但它不是一種無期徒刑。“

我們在生活中苦苦掙扎卻不反擊，其實有許多原因，其中最大的因素是受到誤導而認為真實的自我是「遺傳的人格特質」不可改變的結果。事實上，沒有所謂的基因決定的個性。當然，你的個性會受到遺傳傾向**影響**，但並不是由基因決定的！我的姪女克莉西和凱西是一對同卵雙胞胎，她們有許多美好的人格特質，兩人都富同情心、十分友善，而且出類拔萃，但她們在許多方面大相逕庭。以下列出她們的差異：

克莉西	**凱西**
整潔	邋遢
積極進取	消極被動
沒耐心	有耐心
外向	內向
侷促不安	有安全感
節儉	愛花錢

克莉西和凱西擁有相同的基因傾向，這意味著她們展開人生時有著相同的身心資源，她們一起成長，所受的家庭教養和學校教育均無二致，然而，如你所見，她們的個性南轅北轍。這是怎麼回事？唯一合理的答案是，我們的基因傾向必然與成長過程中的獨特經驗（以及我們對這些經驗的詮釋）產生交互作用。

基因傾向＋獨特的生活經驗＝成年人的個性

請想像一對夫妻去墨西哥度假，兩人都配備相同的相機，共享同樣的旅遊經驗。而他們拍攝的照片可能以兩種截然不同的觀點來呈現這趟度假經驗。例如，丈夫的相片裡可能有許多馬雅文明遺址和野生動物，給人一種野外冒險的印象；另一方面，妻子的照片可能收羅許多當地商店和文化元素，捕捉到更多的是墨西哥的魅力和古樸的生活方式。相同的相機，不同的視角，你會拍攝出什麼樣的照片，並不是由相機決定，同樣的道理，你的成功或失敗不是取決於自身的基因傾向。

所以，倘若排除掉基因、命運和因果的影響，我們可以把自己的迷失生活歸咎於什麼呢？你應當已經知道我的答案：不安全感。**操控你的生活的正是不安全感，而不是你自己**。問題在於：我們最初是如何變得沒有安全感？不安全感可能是早期創傷經驗的結果，但更常見的是錯誤認知的副產品。孩子們在一個須持續不斷地融入和解讀的世界裡成長，他們的安全感不僅仰賴家庭教養的品質（沒有父母是完美的），還取決於生活經驗的因緣際會。由於孩子們不夠成熟，肯定會做出不少謬誤的結論。讓我分享自己早年生活中一項錯誤詮釋，它釀成了不可輕忽的不安全感。你絕不會想到一場單純的基本性教育談話，會變為不安全感的構成基礎，但對我來說就是如此。

如何避免永無休止的譴責

在昔日年少無知的時期，我曾就讀紐澤西州北部一所小型的天主教學校。我清楚地記得那個田園詩般的春日，紫丁香的氣息從敞開的窗戶飄進我的七年級教室，當班上的男孩們被告知前往餐廳會見神父時，我從深沉的白日夢中驚醒，我們從未與同班女孩們分開過，我感覺即將有重大的事情發生。大家緊張地在餐廳找到位子坐下，令人敬畏的神父靜靜地站在一處顯眼的講台，這證實了我的預感，果然即將有大事發生。

我不完全記得神父當時說的話，但我幾乎能逐字逐句回憶起某些內容：「男孩們，我希望你們記住，今夜和每一個晚上睡覺時，要確確實實把你們的手放在棉被上面。切記，如果你們的手放在被子下面，就有犯下罪過的機會。」當天回家路上，我想著那位好神父的訓誡，腦海中只迴響著一個詞：「罪過」。為什麼把我的手放在棉被下面會是一種罪過？對我來說，這全然是一個謎。話說回來，所有關於罪過、地獄之火等的學習都令我深感困惑，我在很久以前即決心不再試圖想清楚如何拯救自己的靈魂，就只是照著別人的教誨去做。

在第一個晚上，我自信滿滿。畢竟這似乎是想都不用想的事情：手放在棉被上面，無罪；手放在被子下面，有罪。我不會因為一件如此簡單的事而被永恆的地獄之火紋身，我滿懷自信地進入夢鄉。而在當晚某個時刻，我醒來發現自己的一隻手在棉被下面！這個無心的過錯令我惶惑不安，急忙調整了手的位置。你是否曾經在夜裡試著監控自己的手？我試過，告訴你，這差點把我逼瘋了。我最終確實訓練好雙手，讓它們習慣棉被上面的安全位置。但是，我因為害怕無力控制和保護我永恆的靈魂，而煎熬了好幾個月。

你可以說我天真、缺乏自覺，直到二十四歲那年某個晚上突然醒來（手當然是在棉被上面），我才驚訝地意識到神父一番訓誡的意思。這次我想起了他的完整說法：「犯下罪過的機會」。多年來，我一直以為這只是天主教會的又一條教規、另一項行為準則，我從未把神父說的「罪過」與如此明顯的事情聯繫起來。說實話，即使那時我領會了神父訓話的意圖，也不確定自己究竟會更加焦慮，或是比較不那麼惶恐，我只知道，誤解使我的世界變得複雜，使我更加意識到自己多麼脆弱。我的意思是，我甚至不能保護自己永恆的靈魂！對於一個年輕、敏感、極易受影響的孩子來說，那是莫大的不安全感，我開始對自己主宰人生、遠離罪惡的能力失去信心。

這不是神父的錯，也不能歸咎於天主教會力圖傳授的道德觀，問題出自我的誤解，這就是癥結所在。所有的孩子都試圖理解資訊，而資訊往往有所不足或者只是片面看法，錯誤的解讀大多數時候不至於造成非常嚴重的後果，但是，正如我的案例那樣，謬誤的詮釋偶爾會導致自我懷疑、恐懼和不切實際的預期，而且不安全感在我們的成長過程中無處不在，我們難免或多或少地受其影響。不幸的是，我們無法輕易地超脫不安全感，它就像魔鬼氈一樣，緊緊附著於我們身上，更隨著歲月推移不斷累積。

正因為如此，自我對話的訓練不可或缺，它能幫助你從侵害生活的種種習慣中解脫出來。**光是理解習慣還不夠，重要的是破除積習**。就像本章開頭提到安娜的覺察過程，你必須抵抗習以為常的感受，並堅定地做出更健全的抉擇。

實情是，你的不安全感形成於多年以前，而如今你已經順其自然把它視為自己的一部分，當你首度掙脫束縛並建立自我信任和信心時，將會全然感到不自在。請做好心理準備，你將心生抗拒。你的反應可能是「我絕不是這樣，我做不到。」但這次不要被不安全感蒙蔽了。

自我對話強化訓練

投注一些時間反躬自省。找出一件使你產生不安全感的事情：你的外貌、遭人拒絕、不斷犯錯、一直在浪費時間，任何讓你感到不自在、焦慮或令你心生疑惑的事情。一旦聚焦檢視這種不安全感，要認清自己如何把它視為理所當然、怎麼與之產生共鳴，更要理解它是多麼下意識的反應。運用同樣的專注意識，努力領會自己的感受並不真實，這些只是不安全感造成的扭曲。

領略這項要點之後，還要不畏風險嘗試看看自己能否對抗不安全感，例如，驗證一下自己能不能任由時光流逝而不心生內疚，或者即使披頭散髮也能上街購物，或者承認自己錯了而不感到自卑，**看清發號施令的人究竟是你自己，還是你的不安全感**。無論你多麼畏懼或憂慮，都要勇於嘗試，每回的努力都是一次建設性的經驗，將對你的自我訓練計畫的推展有所助益。

自我定位

投注時間從根本著手，去理解自己的內心掙扎，進而為自我對話的五個基本步驟做好自我定位，以開創自己的理想生活。建議你可以將不安全感想像成一部發動機，並把你在言語、思想和行為上對它的順從，視為這部發動機運轉所需燃料，只要這麼做，你將獲益良多。

倘若你想要斷絕燃料供應，就需要一個堅實的理解基礎，而且必須結合訓練方法，好說服自己勇於冒險嘗試。

04

選擇不去憂心

我記得多年前，當我還是高中生的時候，有一次擔心著某件事，然後分了心，忘記自己為何憂心忡忡。母親看到我皺著眉頭，問我怎麼了。我答道：「我不記得自己在煩什麼事情了。」她接著說：「嗯，如果你想不起來，那可能就不是十分重要的事。」她說得倒是輕鬆！我不理會媽媽顯得空洞的建議，上午用掉大半時間試圖回溯自己的思緒，出於某種欲罷不能的原因，我覺得必須弄清楚這件事情。畢竟，如果它很重要呢？我怎能這麼魯莽地置之不理？最後，到了午餐時間，我終於想起來了：我是在擔心自己會浪費時間。

即使當時十六歲，我並沒有忽視這個令人啼笑皆非的啟示。我的見解可能是受到當週英語課一篇亨利・詹姆斯（Henry James）短篇小說〈叢林中的野獸〉（The Beast in the Jungle，暫譯）影響。倘若你終日憂思不安，我強烈推薦你閱讀這則發人深省的故事，它講述一個男人預料自己的生活有朝一日會被一場可怕的災難摧毀。這不是普通的預感，它完全吞噬了主角的生活，最後他領悟到，不是叢林裡的野獸造成災難摧毀了自己，而是自己讓生活淪為無謂的憂慮和反覆思量的犧牲品，這就是一種野獸。

那麼，你呢？你是否正任由憂心吞噬和虛擲自己的人生？

別再餵養不安全感

你將學習如何攻克大多數人認為難以克服的事情：杞人憂天。比起任何其他心理障礙，沒有什麼比憂心更能在生活中引發動蕩和困擾，對於在生活中掙扎的人來說，不安全感往往無孔不入，讓人們長期擔心和反覆思量一切事物，從而削弱他們的行動能力，而對另一些人來說，這類憂心只會在特定情況下發生：「我的牙齒裂開了，如果必須接受根管治療怎麼辦？」無論你是長期庸人自擾或偶爾瞎操心的人，過度苦惱總是一個大問題，因為它是不安全感的主要營養來源。請聽我詳加解說。

想像一下你每天早上走到陽台，花半個小時悠閒地放鬆自己並享受讀報的樂趣。某天早晨，你注意到有幾隻鴿子自顧自地在陽台閒晃、啄食，你喜愛牠們的陪伴，隔天早上拿出一把麵包屑餵牠們，短短幾天，你原本潔淨的陽台被數百隻鴿子淹沒，那裡成了羽毛飛揚、排泄物滿地、一片混亂的廢墟。

你來找我諮商：「這該怎麼辦？」我問道：「你還在餵鴿子嗎？」你一臉無辜地回答說，

「嗯，是的。」我難以置信地說，「那就停止餵鴿子吧！」

憂慮就如同餵養不安全感的鴿群。如果你堅持繼續餵食不安全感，勢必得面臨討厭的事，最終你將咎由自取，過著苦惱的生活。

假如你發現自己身處一個坑洞裡，趕快停止挖掘。——威爾．羅傑斯（Will Rogers，美國喜劇演員、幽默作家）

難道憂心不是生活中常見的事嗎？

還記得〈戰爭〉（War）這首六〇年代的歌曲，第一段歌詞是，戰爭有什麼好處？絕對沒有！這正是我想要的展開這個章節的方式：憂心有什麼好處？絕對沒有！在讀完本章之後，你將對此產生共鳴。

「我一生憂心過成千上萬件事，其中大多數從未發生。」馬克．吐溫曾經說過句名言。你這一生憂慮過多少事情？今天又掛念過多少事情？大多數人會告訴你，他們希望自己不要那麼憂心忡忡，但又能做什麼呢？擔憂是生活的一部分，對吧？當然，憂慮是生活的一部分，但這是自然、健康的事嗎？

請完成以下自我檢測，有助於你評估自己的憂慮指數。

自行檢測憂心指數

以下問題能幫助你評估自己是否太過憂心。請仔細閱讀以下問題，但不要過度思考你的答案，根據你生活的普遍情況來圈選是或否，即使你不完全確定，也要回答每一個問題。測驗結束後計分。

是　否　當我試圖入睡時，思緒通常會飛快地跳躍。

是　否　當事情出錯時，我會十分沮喪。

是　否　我無法忍受他人對我生氣。

是　否　我時常感到內疚。

是　否　我往往以「萬一……」開始我的話語。

是　否　我討厭不事先準備。

是　否　我想太多。

是　否　我總是非常緊張。

是　否　我始終擔心錢的問題。

是　否　種種新聞使我心情煩躁。

是　否　我過於小心翼翼。

是　否　我無法放下那些使自己心煩意亂的事。
是　否　坐在別人開的車上時，我會忐忑不安。
是　否　我不喜歡搭飛機。
是　否　我不覺得自己安全無虞。
是　否　我對自己做的一切事情都有疑慮。
是　否　我是悲觀主義者。
是　否　我過度擔心自己的健康。
是　否　我很少冒險，寧願有安全感而不想感到遺憾。
是　否　我對很多事情感到恐懼。
是　否　我時常想到恐怖主義。
是　否　我往往試圖預料即將發生什麼事。
是　否　當衝突來臨時，我通常試想最壞的情況。
是　否　我總是預料事情會出錯。

計算你總共回答了多少個「是」。9個或以下表示你並未過度擔憂，自我對話的訓練可指引你培養更深層的自我信任和自發性。

10到15個意味著你的憂慮是適度的。對你來說，擔心可能構成生活中的一個限制性因素，自我對話有助於你為整體幸福感和個人安全感帶來顯著的差異。
16個或以上顯示擔憂是你日常生活中一個重大壓力來源，你的生活受到憂慮或反覆思量損害，自我對話的訓練將改變你的觀點，你將學會更隨心所欲地生活，而不是試圖預測即將發生的事情。

關心與憂心的對決

每個人都會擔憂，不是嗎？憂心是如此普遍，你甚至可能認為這是一種本能。假如是本能，那麼必定是我們天生的適應能力的一部分，我們的祖先穿越原始叢林時會擔憂劍齒虎的存在，顯然是一種生存優勢。儘管這種推測看起來頗有說服力，但我可以確定，不論是非洲大草原上的人類祖先或現今坐在辦公大樓裡的我們，擔憂全然無濟於事。

要理解擔憂為何於事無補，你必須先領會憂心和關心之間的區別。憂心是反覆不斷地推測可能出錯的事情，也就是預料會有混亂狀況發生。這可能是基於過去的失誤：倘若我冒犯了他呢？他可能會在職場嚴厲地批評我。或者，憂心可能是因為預期即將發生不測：如果我找不到公寓呢？那我該怎麼辦？這是一種自我折磨，就像是「萬一……」的思考模式。

另一方面，關心是深思熟慮地考量和評估實際的危險，憂心則是預料問題和事情會失控，關心更基於事實並且朝向解決問題。你認為在面對生活挑戰時，究竟是應對事實（關心）還是處理假想的事（憂心）對你更有效用？

閱讀下面的例子，想一想憂心是否有任何好處：

憂心：倘若我穿不下那件洋裝，該怎麼辦？
關心：如果我想穿上那件洋裝，就必須注意飲食。
憂心：假如我遲到，該怎麼辦？
關心：我最好提前十五分鐘出門，以避免路上施工造成延誤。
憂心：如果他拒絕，該怎麼辦？
關心：無論他是否接受，我都會活下去。
憂心：這是異常的疼痛，倘若很嚴重的話該怎麼辦？
關心：如果明天仍感到不適，我會打電話給醫生。沒道理假設最壞的情況。

從上述例句可以看到，憂心與關心相比，如果想要發揮正向的、持續前進的效用，關心才是正解。關心是一種適應性的、建設性的思考方式，使你真正準備好迎向生活中變化多端的挑戰。另一方面，憂心是一種循環式的、破壞性的思慮方式，會不斷內耗，導致充斥壓力、焦慮或恐慌的生活。

憂心和關心迥然有別，關心是客觀條件使然，憂心則是受不安全感驅動。由內而外的不安全感驅策的憂心對你不利，由外而內的客觀條件使然的關心則對你有益。

憂心	**關心**
不安全感驅動——由內而外	客觀條件使然——由外而內
主觀地憂慮可能出錯的事情	客觀地關懷生活中種種挑戰
處理假想（即假設性思考）	應對事實
不論客觀條件如何，都高度情緒化	情緒與客觀條件相稱
適得其反、在心理上具有破壞性	具有建設性

我相信，我們天生的傾向是關心而不是憂心各式生活挑戰，當我們天生的關心傾向因不安全感介入而退化、變得習於憂心時，各種問題將應運而生。等式看起來是這樣的：

關心＋不安全感＝憂心

憂心的騙局

憂慮可能不是出於我們的天性或本能，但它肯定如同家常便飯，為何會如此層出不窮？在面對生活中諸多不確定的事物時，憂心會使人產生一種掌控事情的錯覺，這對於感到不安並且正在對抗恐懼的人尤其具有吸引力。這類騙局是這樣的：假如我憂慮的話，便能預見即將發生的事情，如果可以事先做好準備，我就不會那麼脆弱。未雨綢繆聽起來不錯，對吧？但是，我們不能忽視每個杞人憂天的人都明白的一個事實：憂心會引發更多的憂慮。擔憂並不能解決任何問題，只會為更多苦惱、疑慮和壓力開啟閘門。憂慮並不是它宣稱的那樣可以做好一切準備，相反地，它實際上會削弱你高效生活的能力。

擔憂是力圖抵消無力感的一種嘗試。不安全感使你覺得自己無法應對生活中迎面而來的挑戰，於是憂慮給你一種錯覺，也就是儘管你感到無能為力，但正在針對自身的困境做些什麼。你相信憂慮有助於對即將到來的事情防微杜漸，從而降低你的脆弱——至少這是值得做的事，做些什麼總勝過什麼都不做。

你憂心只是因為想要有安全感，那麼，這有什麼大不了的呢？如前所述，擔憂並不能有效地化解問題。事實上，憂慮會製造麻煩！這是不容小覷的課題。

四十歲的菲爾是一位讓憂慮吞噬自己的失業廚師，在此以他為例來說明自我對話的訓練能幫助些什麼：

我已年屆四十，有數不清的帳單，前途茫茫，妻子幾乎不再和我交談，我甚至無心去看女兒的籃球賽。偶然遇到任何熟人都讓我感到難堪，因為他們會問我是否已有工作。我超重、擔心自己心臟病發、總是覺得很累，而且時常胃痙攣——我就是一個廢人。你知道最嚴重的是什麼嗎？那就是事情只會更加惡化。我現在的經濟狀況就很糟，而且不會變好，往後該怎麼辦？

一個四十歲、失業的二流廚師該如何謀生？我已經太老了，無法轉行，我甚至不知道自己還能做什麼。我沒有好學歷，又沒有感興趣的事，真的無法做其他工作。接下來會發生什麼？我晚上無法入睡，開始被自己的想法嚇到。我失去所有的自信，雖然我向來不是很有自信。我始終是個惶惑不安的人，現在更惡化到不合常理，我害怕做任何決定。我從未想過自己會失業這麼久，假如找不到工作該怎麼辦？這給我一個教訓：在這個世界上，沒有什麼是安全的，沒有！這一切一定不是真的，因為我從未想過我會有今天，而且情況只會越來越糟。

毫無疑問，菲爾陷入了憂慮和恐懼的循環之中。由於他的處境艱難，你可能會問，菲爾是否真的有所選擇？假如你面臨類似的危機，難道不會惴惴不安？當你遭到生活重擊時，期許你別擔心、莫恐懼，是否真的公平、合理？你可能不以為然，然而答案是肯定的，這是合理又公平的期望。

檢視菲爾的困境，你可以看出，他感到苦惱的癥結在於，受不安全感驅策而預料自己的未來將黯淡無光。

> **“憂心是一種預期混亂的習慣。”**

首先，菲爾必須認清關心和憂心的差別，有助於他把焦點轉向事實，而不是專注於假想的事物。對於菲爾或任何憂慮的人來說，這種簡單的思維轉向可以促成重大改變。誠然，生活在這個世界上，你無法確保壞事絕不會發生，但你全然可以避免因憂懼而無謂地削弱自己的力量。我要堅定地重申本章前面說過的話：憂心有什麼好處？絕對沒有！

> **“憂慮是絕望之子。”**

什麼對我有益，什麼對我有害

根據美國家喻戶曉的土撥鼠日（Groundhog Day）神話，如果土撥鼠龐瑟托尼菲爾（Punxsutawney Phil）於二月二日從地洞裡出來並看到自己的影子，牠會認為這是一個壞兆頭，土撥鼠菲爾將據此預測壞天氣還會持續六週，然後返回牠的洞穴。而上述案例裡的廚師菲爾是另一種土撥鼠，在面對自己憂慮和覺察的壞兆頭時，他會從生活中退縮，尋求短期的保護。但是請記住，菲爾不能終生逃避，他終須探出頭來。

菲爾必須舔舐他的傷口，並展開長期的奮鬥，以找回自尊和自信。在被解雇後數個月裡，菲爾一直因類似土撥鼠的下意識憂慮而飽受折磨，自我對話訓練的第一個挑戰是說服菲爾，打擊自己、迴避生活和憂心忡忡對他毫無益處。我鼓勵菲爾，每當發現自己陷入內心掙扎時便自問：「這些想法對我有益，還是對我有害？」只要想清楚這個問題就足以提升意識，不再盲目地受不安全感驅使。

欣然接受這種什麼對我有益、什麼對我有害的心態，菲爾始能逐步擺脫受害者角色，那個角色使他功能失調、懷疑自我，或堅稱自己是受害者，這顯然對他絲毫沒有助益。

自我對話強化訓練

我鼓勵菲爾運用的技巧——什麼對我有益，什麼對我有害——值得進一步探究。憂慮的人往往深陷在他們預期混亂的習性裡，以至於明顯缺乏自我覺察能力（你將在第六章中領會到，這是一般的反射式思維的標誌）。當種種習慣被忽視時，它們會雜亂無章地輾壓你的生活並造成傷害，因為它們沒有被詳細檢視。透過細緻入微的審視，**想清楚這對我有益還是有害，可迫使我們的意識聚焦在種種習慣上**。習慣似乎更喜歡躲在黑暗中，一旦被聚光燈揭露出來，影響力就會逐漸減弱。我建議你著手仔細檢視和揭示任何杞人憂天的想法，然後你可能會對其愚蠢程度感到不可思議。

被動反應勝過搶先行動

我建議菲爾勇敢地活在當下，不要每天困於非黑即白、預期擔憂的世界中，唯一重要的是找到一份工作。我也期許他能更勇敢地活在當下，忘掉種種憂思，擺脫他常做的自尋煩惱，別再壓迫自己，不必堅持要把所有事情弄清楚，只須讓每一天自然而然地展開。具體來說，我希望他只需要被動反應就好，而不是搶先行動，**與其想像一些事情來使自己坐立難安，不如應對當下發生的事即可**。對大多數想太多的人來說，這是一個陌生的概念，而且顯然必須冒險感受脆弱的力量。愛擔心的人總是在想著未來的各種假設，對他們來說，活在當下可能是一項極大的挑戰。

我給菲爾的唯一囑咐是，每天早上醒來後，嘗試以任何能夠做到的方式避免想東想西，然後讓生活自然展開。（請注意：我已向菲爾介紹自我對話的五個步驟，因此他擁有一些可藉以完成這項任務的工具。）當事情涉及求職上各種機緣巧合，比如打電話、瀏覽徵人廣告、寄履歷表等等，避免想東想西尤其重要。關鍵是別再信任令人煩惱的、以未來為導向的、試圖駕馭生活的想法，只務實地專注於當天的日常事務。我明確地向菲爾指出，我們並不是試圖讓他停止思考，那是不可能的，我們嘗試做的只是把他習以為常、預期壞事的憂慮，轉變成回應當下、聚焦於此時此地的思考。儘管菲爾仍覺得悲觀，但他渴望弄清楚，一旦讓生活更自然地展開，而不是在大腦裡想像生活，究竟將發生什麼事情。

菲爾很快就發現，被動反應的生活方式做起來很難，但並非不可能做到。雖然他終於逐漸對憂慮的循環（喪失自信、無法信任生活，以及想要控制結果）有了更大格局的認知，但他向來強烈依賴憂心來滿足控制欲，以至於剛開始時覺得，拋開憂心多思代之以「活在當下」這種籠統的替代方案，似乎是極其魯莽的作法，然而菲爾知道他必須突破習慣。不安全感令他痛苦萬分，但痛苦可以成為一種絕佳的激勵因素。

離開島嶼

如果你像菲爾那樣焦慮不安，那麼要做到被動反應、活在當下、擺脫過度思考、相信真實生活遠比腦海中煩惱的事饒富意義，將需要極大的努力。我們可以把自我視為汪洋中的一座小島，這座島代表自我意識，是你的思維裡可以觀察到的部分，自我包含正常的想法，以及反射式的、不安全感思維的中心。而島嶼周圍的海洋則代表自我的無限資源——那些不易直接觀察的思維，這是本能、直覺和突發奇想的領域。

人們一旦遇到船難被困在海上小島，會去熟悉島上每個角落與縫隙。憂慮的人只知道一種充滿煩惱、預期和假設的受到限制的存在方式，他們獨自生活在自我意識這座小島上，惴惴不安地把想法視為事實：「什麼！你要我去參加那個面試，還要隨機應變？你一定是瘋了。我必須準備！我一定要思考這件事。」對於多慮的人來說，海洋是一片遼闊、令人恐懼、未經開發的領域，然而卻忽略了海洋深處蘊藏著無限的力量，以及讓人解放、勇敢地生活的潛能。

在運用自我對話五個步驟的過程中，菲爾一開始時不斷跌跌撞撞，而且必須力求遵守準則，而當他獲得幾次小成功後，情況有了顯著改善：「我不再覺得腦袋像要爆炸了，我的思緒確確實實平靜下來。我讓生活自然而然地推展開來，而不去支配生活中的一舉一動，我不斷提醒自己，明天的事自會迎刃而解。我必須要說，被動反應的生活方式是唯一的出路。」

菲爾說得對。當他開始走出反射式憂慮的陰影時，事情開始順其自然地，不需要太費勁，至於「明天」的問題，似乎一切自有安排。這真是不可思議。菲爾最終透過一位鄰居牽線，在紐約市一家高檔餐廳找到工作。接下來幾個月期間，他接受紐約市最出色的糕點師培訓，進而轉往曼哈頓最負盛名的飯店任職。菲爾起初惶恐不安時，他的水晶球受到擔憂、疑慮、厄運和陰霾遮蔽，從未料想到工作會有這樣的結果。憂慮的人只看到事情一再出錯，從未洞悉全局，以致從未察覺任何積極、正面的事情。

憂慮的人過度思考且自我催眠

你有否注意到，他人憂懼的事對你來說有多麼荒謬？你曾經多少次告訴別人無須小題大作？不幸的是，倘若你已習於反射式的憂慮，那麼你最擅長的便是沒事找事，而在這樣的情況下，即使是最怪誕的事情，對你來說似乎也會變得可信。不安全感是個機會主義者，給它機會，它就會愚弄你。我曾於數年前教過異常心理學（變態心理學），每回教授完精神官能症（neurosis）和精神病（psychosis）課程後，會有許多學生緊急向我求助，因為他們不明就裡地「患有」精神官能症或精神病的症狀。這些都是慣於憂心、過度思考的學生，他們容易受到各式建議的影響，更將其植入自己的思緒之中——「我可能是偏執狂，我確實覺得自己遭受迫害！」——進而為憂心、焦慮和恐慌的洪流開啟閘門。

假如你容易過度思考，因而憂心忡忡和感到焦慮，那麼你務必要體認心靈的巨大力量。我記得自己在研究所學習催眠術時看過一部訓練影片，其中有一位受試者被引導進入深度催眠狀態，催眠師接著表示將用香菸燙他的手，但實際上是用冰塊碰觸受試者的手。受試者面露痛苦的表情，宛如他的手真的被菸燙到，令人難以置信的是，他被冰塊碰觸的地方形成了一個傷痕！**我們告訴自己並且信以為真的事情會造成重大改變**。倘若你在自己心中植入一項建議（自我催眠），並且對它深信不疑，那麼你將努力使其具體實現。

在書寫本章時，我意識到憂慮對我們的健康有多麼強大和腐蝕性的影響。我寄望你能做一件事：提醒自己，生活中已有過無數時隱時現的問題和煩惱。截至目前為止，你解決了多少難題？一千個、五萬個？無論如何，你想方設法生存下來，找出答案，解決問題，繞過或越過或克服每一個障礙。究竟是什麼使你認為現今的憂慮與以往不同？**每一場危機最終都會成為前塵往事，而你會堅持不懈繼續前進**。

05 停止控制生活

沒有人喜歡失控的感覺——我尤其如是！多年前我在澤西海岸度假期間，曾於某一天早上租小艇出海釣比目魚。倘若那時我身處船上其他位置，或許就會注意到天上有大片烏雲快速襲來，在我最終變換位置然後發現風暴將至時，已經措手不及，我慌忙放下釣魚裝備，迅速拉起船錨，接著把注意力轉向舷外的小型船用馬達。

隨著腎上腺素激增，我狂亂地拽發動機拉繩，並且拚命地設法保持平衡，因為小艇在洶湧的、冒著泡沫的海浪中劇烈擺盪。最後，馬達有了反應。我掃視地平線，看到最近的岸邊大約在東方一英里處，於是我全速朝著跳動的地平線航行，不幸的是，狂風巨浪使得小艇寸步難移。我轉身看到距離不到五十英尺處上空有一道黑色雨幕，幾秒後，大雨已經淋到我身上，隨著風力持續增強，我面臨了另一個險惡的問題：閃電！

周遭的天空中充斥著閃電，且不時傳來震耳欲聾的雷鳴。我不是經驗老到的船員，也不熟悉雷電的特性，但我意識到自己是方圓約一平方英里內最高的目標！此刻務須明快地採取行動。在混亂之際，我想起了一項航海資訊：巴爾加內特灣（Barganet Bay）的平均深度是十八英寸，我必須降低被閃電擊中的風險，於是，我在猛烈的雨勢中瞇著眼睛找到船錨，把它扔進海裡，然後跳下船。幸運的是，水深僅及大腿。我在狂風暴雨中注意到不遠處有一片海草和泥地，便毫不猶豫地潛入水中。

我心跳加速，恐懼隨著脈搏在全身流竄，我設法趴伏在泥濘的水底，並把自己的命運託付出去。沒過多久，我意識到自己並不孤單！混亂和種種因素使我的感官遲鈍，以至於最初沒有感受到腳趾有異樣，最後是刺痛使我把手伸向腳掌，從而發現有隻巨大的藍蟹緊緊鉗住我的腳趾（我確定牠懷著惡意）。在猛甩腳趾掙脫蟹鉗之後，我察覺還有其他螃蟹在身邊繞來繞去，接著我和折磨人的蟹群交手扭動了數分鐘——至少這分散了我對風暴的注意力。狂風暴雨已逐漸遠去，令我鬆了一口氣。然而，突然有一道閃電擊中我的船，緊接著是響徹雲霄的雷鳴！

風暴來得急也去得快，黑色雨幕挾著雷鳴電閃直奔東方，大雨、狂風和巨浪瞬間無影無蹤。我起身沐浴在燦爛的陽光下，雖然腳趾還流著血，但除此之外，並無大礙。

求生本能在那天取得主控權，換句話說，想方設法存活的我失控了。強烈的本能衝動因應危機（或對危機的詮釋）來對付情勢，以期避免災難，這是人的天性。當天若不是求生本能主導我的行動，最終唯一剩下的將只有一艘破破爛爛的小艇，以及我殘缺不全的遺體。

無可否認，不論是在風暴中求生，或力圖降低體內膽固醇，或是在結冰的路上開車，你的求生本能和管控局勢的渴望可以保你一命。而且，對於生存來說，控制是不可或缺的一部分，因此我們往往對另一種形式的、於己無益的管控視而不見。事實上，由不安全感驅動而非源自生活客觀條件的控制，正是你的生活境況惡化的成因。

當你的生活被不安全感的控制支配時，極易受到憂鬱、焦慮、敵意的影響，或感到無能為力。重要的不是種種症狀，而是症狀的成因：試圖控制生活，而不是自由自在地生活。對我來說，這個關於控制的概念無疑是心理學的通說，在我的長年執業經驗中，它始終比任何其他概念更有助於治療和化解最棘手問題。我承認這是一個激進的主張，但是我確信，無論你的症狀是輕微還是嚴重，只要領會一切的癥結在於意圖控制生活，你將不再感到困惑，你終將領悟這個道理。

有益的控制，有害的控制

我要在此重申，想要控制事情並沒有錯。當醫生指出你的血壓升高後，你決心留意飲食習慣，這就是控制，而且是聰明的作法。由於天氣預報員說可能下雪，你決定不穿最好的鞋子出門，這也是明智的管控措施。但是，如果你徹夜難眠，反覆想著五歲的兒子可能永遠進不了常春藤盟校，那麼這就是不安全感在作祟！我們可以分辨兩種控制：一種是客觀條件驅動的管控，另一種為不安全感驅使的控制。

客觀條件使然的管控是試圖對真實和外在的生活處境，做出適當與符合比例原則的回應。

如果你的工作恐將不保，弄清楚怎樣避免觸怒老闆就是客觀條件驅動的管控。假如你的體重過重，注意飲食和鍛鍊身體也是對真實和客觀生活處境的適切回應。客觀條件驅策的控制不僅是正常和明智的作為，也可能是出於我們的本能。

我聽說過，生物基本驅力主要的作用是避免痛苦和尋求快樂，我對此沒有異議。然而，我認為有另一個更具說服力的論點能夠定義人類的天性：保持掌控。

我們從出生那一刻起就表現出對失控的厭惡。例如，在嬰兒出生後最初幾個月裡，如果你快速放低其身體來模擬墜落（也就是失控）狀況，寶寶會手掌向上將雙臂朝兩側揮出，然後握緊雙拳，接著將兩隻手拉近胸口或雙手抱在胸前，這被稱為驚嚇反射（Moro reflex，又稱莫羅氏反射），有人認為這可能是帶著幼兒在樹上生活的原始人類祖先在演化上遺留的痕跡。當嬰兒經歷失控（墜落）時，其本能反應是恢復控制（緊抱母親）。在往往條件惡劣的世界中，恢復控制能讓我們感到安全和安心。

我先前提到的風暴經驗就是明顯的、客觀條件驅使的對管控的需求，那是一種若想活下來務必要掌控事態的情況。還有一種形式的控制不是受外在客觀條件驅使，而是**由內在想法和知覺驅動，我稱其為不安全感驅使的控制**。不安全感使然的控制與實際的外部事件關係不大，而與我們對這些事件的「詮釋」息息相關。例如，假設你覺得皮帶有可能斷裂，於是加上吊帶，然後又擔心皮帶若失去效用，吊帶是否能承受負荷，那麼這就是不安全感驅使的控制。它與你的皮帶無關，而與你不安全感的假設大有關係，關鍵就在風險究竟來自內部還是外部。

我們來比較一下這兩種反應。倘若你的朋友不知何故突然變得沉默和疏遠，你可能會問「出了什麼差錯？」在這種情況下，你是在回應客觀條件驅動的控制——尋求朋友對不尋常的行為變化提出解釋。另一方面，如果你因為朋友拉開彼此距離而擔心，發生了什麼事？我說了什麼？我一定是傷害了他的感情！這種試圖「搞懂原因」的想法也是意圖掌控事情，但是它的驅力來自你的不安全感和自我懷疑。你深信，只要弄清楚自己做錯了什麼事，就可以做好準備隨時為自己辯護，這是建立在你做錯什麼事的假設之上。沒有證據，就只有你的不安全感驅使的假設性想法。

客觀條件驅動的控制	**不安全感驅使的控制**
• 受外部事件支配（例如：在多雲的天氣帶傘出門或在生病時服用藥物）	• 受內在事件支配（例如：誤解、恐懼、疑慮、擔憂）
• 由外而內產生的控制欲	• 由內而外產生的控制欲

憂慮、反覆思量、完美主義、懷疑、恐懼、逃避、甚至敵意，都可能是出於不安全感驅動掌控生活的企圖。在接下來的章節裡，我將更深入地探討這些不同的控制策略。現在請記住，倘若你對自己或生活失去信心，可能會感到內心脆弱和不由自主。

請想一想：當你感到身不由己時，會怎麼做？如果你感到不安，你可能會尋求更多掌控，然後變得無法自拔。受不安全感驅使而控制的生活，很快就會變成一種徒勞無功的存在方式：你管控越多，就需要越多控制。為什麼？因為不安全感驅策的掌控措施不是解決問題之道，實際上是問題的一部分！問題始於你生命中某個時刻，那時你受到傷害，以至於基本的安全感遭到破壞。而在缺乏自信的情況下，補償性的對於控制的追求變得無可避免。自我對話的訓練將為你指引通往成功和慰藉的唯一道路。我們要的不是故步自封和控制生活，而是秉持重新獲得的自信，自動自發地生活。

這聽起來像是你嗎？

在進一步解釋這種尋求掌控的生活策略之前，請做一個簡短的自我檢測，以確認你的控制傾向。請仔細閱讀以下問題，但不要過度思考你的答案，根據你生活的普遍情況來圈選是或否，即使你不完全確定，也要回答每一個問題。測驗結束後計分。

自行檢測控制傾向

是　否　我一旦著手做事，直到完成之前都無法放鬆。

是　否　當事情出錯時，我往往惴惴不安。

是　否　我總是憂心忡忡。

是　否　假如桌上一團亂，我就無法完成任何工作。
是　否　當某件事聽起來太美好以至於難以置信時，它通常就是不可信。
是　否　我試著為可能發生的任何事情做好準備。
是　否　我非常重視別人是否喜歡我。
是　否　人們往往占我便宜。
是　否　我做的事情總是有充分的理由。
是　否　我不擅長接受批評。
是　否　我很少覺得自己錯了。
是　否　我往往以「是的，但是」的說法來回應批評。
是　否　我通常很難準時。
是　否　我對他人的錯誤沒有耐心。
是　否　我寧願自己開車。
是　否　我時常難以做成決定。
是　否　當我想要一件東西時，非到手不可。
是　否　我過於脆弱。
是　否　大多數人都不值得信任。
是　否　我總是在腦海中推測、猜想、反覆思量。

是　否　我寧願預先知道情況，而不想被突發的事情嚇到。

是　否　一旦我下定決心，就不會輕易改變。

是　否　我的想法傾向於非黑即白。

是　否　我常被指責不知變通或思想僵化。

是　否　我喜好在任何爭議中敲定最終結論。

是　否　我有完美主義的傾向。

是　否　有時我會受強烈的衝動驅使。

是　否　我認為自己是一個過度思考的人。

總計你回答了多少個「是」。10個或以下表示你並未過度尋求控制生活，自我對話的訓練可以指引你培養更深層的自信和自發性。

11到17個顯示你是適度尋求管控的人，對於控制的需求是你的生活中一項限制性因素，自我對話能夠顯著地改善你的整體幸福感和個人安全感。

18個以上表明你是尤其需要掌控事情的人，對控制的強烈需求嚴重影響著你的生活。自我對話將改變你的觀點，你不需要更多控制，你需要的是更多的自信。

阻擋潮起潮落的不安全感

前一章我們探討了不安全感是導致生活搖搖欲墜的根本原因，如果不安全感是根源，那麼試圖控制生活就是從中長出來的雜草。對生活的控制欲起初可能很微妙，不但長年未曾注意，也沒有造成不良影響。但是切莫誤解，隨著時間推移，像雜草一樣四處蔓生的控制欲將以擔憂、疑慮和恐懼侵擾你的生活。試圖控制生活是如此具有破壞性的策略，然而卻很少人能夠看清它的本質。

控制欲的問題在於它有諸多樣貌和表現形式，以致我們很容易遭到愚弄，權力、金錢、地位、完美主義、杞人憂天和反覆思量，只是無所不在的不安全感的幾個潛在樣態。前述的控制欲表現形式可能暫時對你有用，但它們最終將開始支配你，而不是為你服務，你會越來越依賴這些具有破壞力的策略，拚命試著阻擋來勢洶洶的不安全感。我記得小時候在海邊玩時，曾耗用將近一天的時間建造一座宏偉的砂堡，當潮水逐漸高漲時，我趕緊用海砂堆起屏障來保護我的創作，那時還不成熟的我確實認為自己可以拯救那座砂堡，畢竟當時我只是個孩子。

那麼，你控制生活的藉口是什麼？你真的認為自己可以無限期地掌控生活、防止或避免壞事發生嗎？倘若無法預防，或許能夠避免所有衝突？如果是這樣，你能抵擋不安全感的潮汐變化多久？肯定不是永遠。這就是你開始受苦的原因，畢竟潮起潮落的焦慮、不安全感和自我懷疑會日漸侵蝕你力圖保護的自我。

為了開創自己想要的生活，我們必須了解，在生活中退縮不是答案——反而是個問題。要找到解答，我們應該想一想：為什麼自己會成為控制欲的受害者？

追求完美成為痛苦的原因

管控生活給你一種人為的、暫時的安全感——你受到誘惑，以致認為控制策略的特定戲法能夠永遠奏效，就像琴的故事。

琴想方設法撐了二十八年，最終仍與生活可以被掌控的神話正面衝突，她第一次找我諮商時深感困惑，她曾以為選擇了自己想要的生活。「我從小就想成為教師。如今終於如願以償，卻開始因恐慌發作而備受困擾！」這對琴來說毫無道理。我必須承認，當我們首度面談時，我也覺得這不太合理。她回憶說，童年是在有白色柵欄的家與親愛的父母和兄弟姊妹，以及善解人意的狗狗 Fluffy 一起度過。琴向來表現亮眼，普遍獲得師長和朋友讚美，高中畢業後不久嫁給高中時期的戀人，而且她堅稱迄今仍感覺像在度蜜月。她開始上夜校，六年後獲得教師學位，琴形容自己在這段期間有安全感、自信，而且沒有太多煩惱。為什麼她會不明所以地陷入恐慌而影響教學工作？我確信這其中漏掉了什麼，結果確實是這樣。

琴忽略了一件事，事實上她那位咄咄逼人的父親，不僅教導她追求卓越，更要達成目標。他對琴的成功讚不絕口，也會在琴「辜負他的期望」時明確表達失望之意。從這些早期形塑人格的經驗中，琴學到的是：「成功勝於一切。」她要求自己做的每一件事都得達到完美。她承認自己並非班上最聰明的學生卻是最不屈不撓的一個，總是努力得到A等成績，她的夢想是成為一名教師，始終相信自己有朝一日會成為完美的教師。

琴的第一份工作是在曼哈頓上城一所學校任教，她很快就發現自己處於不尋常的困境中，她的魅力、敬業精神和個性並未產生期望的結果，孩子們並不那麼糟，但她在課堂上始終未能達到自己習以為常的控制力和能力水準。她一反常態，開始憂心忡忡，時不時煩惱她想像中的事：倘若校長走進教室看到學生們不在座位上，該怎麼辦？如果我無法管控學生，該怎麼辦？琴努力拉近自己與學生的距離，想方設法使自己更有趣、更富創意，甚至試圖對學生動之以情，但都徒勞無功。她的學生不受控，而更嚴重的是，琴感到一切都失去控制，她長期試圖掌控事情的努力即將畫下句點。

在諮商初始時，琴不知道自己為什麼突然恐慌發作。當然，她的工作壓力很大，但她以前面臨壓力時從未陷入恐慌，她以往未曾有過恐慌和焦慮問題，那麼如今為何如此不一樣？與昔日不同的是，琴一貫的控制策略不再起作用，她慣常的控制策略，比如討好他人、表現出眾，全都無法在這所學校派上用場。琴失去了確保掌控的能力，更不用說「要求」自己成功的能力，她被剝奪了依據自身需求支配和引導他人的能力，因而感到脆弱、無力和失控，這是恐慌發作的典型成因。到目前為止，琴從未面對過違逆其意志的生活情境，但現在她有二十一個理由感到恐慌，二十一名學童拒絕讓她那種掌控一切的錯覺延續下去。

我不打算長篇大論探討琴為期不長的療程。我只想說，她僅須看清，倘若執意控制生活，就是在無意間堅持不能容忍任何不完美的事物。當學生實際向她呈現出「不完美」時，琴頻頻恐慌發作，而這其實就是用另一種方式表達「我無法處理這個狀況！」事實上，琴有能力成為一名十分稱職的教師，問題在於，她從未學會信任自己的能力。她怎能辦到？畢竟她一直分心去試圖完善自己的控制策略。

深入探究這些習慣如何形成，能夠為你揭示一些實用的見解，有助於你了解個人的控制策略。琴在很小的時候為了討好父親，不經意間發現某些行為總能贏得父親讚揚，這些行為和成為「明日之星」及避免犯錯有關。與其自動自發、自然而然地對生活中各式情況做出反應，琴寧願預先準備和計算生活，這種生活方式成為她的習慣原因很簡單：它有效！唯一的問題是，琴越努力想要搞清楚生活，就越難學會信任本能和順應本能的生活方式。

學會放下戰鬥人格

當孩童感到不安全或難以安心時，並沒有太多辦法可以運用，所以他們在受到威脅之際，自然會試圖尋求任何可能的管控和安全感。這就是小孩的作法，他們想方設法重新獲得掌控，儘管方法相當原始。有些人努力使自己變得完美以免於任何批評（像前面提到的琴），也有些人可能會變得害羞、過度敏感、多慮，試圖預先嗅出危險的氣息，還有些人可能會察覺發怒可以迫使他人屈服，無論哪種方式有效，都可能減緩緊張和焦慮，並促使他們接二連三地嘗試。這些在童年時期萌生的心理防衛和控制策略，最終會形成所謂的戰鬥人格。

由於不安全感是難以規避的人類經驗，自我對話將指導你著手評估自己如何運用控制策略自保。無論你對自己的策略有多麼依戀，或者對自身的戰鬥人格有多麼認同，受支配的生活毫無例外地只能保證一件事：你將脫離真正的力量和活力源頭。迄今曾有多少人對你說「做自己，你會過得更好」？這確實是一項真理，但是很多人輕信控制可以防止生活分崩離析，不太明白「做自己」是什麼意思。

在冒險確認放棄控制策略會發生什麼事情之前，琴對於「做自己」的意思毫無頭緒，但她最終學會忽略那些盤據腦海的恐懼和疑慮，（透過自我對話）讓自己變得更能回應事情和不去預設地生活，她沒有試圖藉由預先演練或準備來控制事情，就只是讓自己信任更自發的本能和能力。起先她預料自己的世界會在不求掌控的情況下崩解，但終究發現她的世界並沒有結束，而是開始了！

假如你的生活受到控制欲危害，可能你對挫折、失敗、甚至焦慮或憂鬱並不陌生。然而，你對此做了什麼？更加擔心、更講求完美，還是每晚借酒澆愁？你的戰鬥人格是否已因無力感和恐懼而僵化？倘若你在閱讀這些文字時發現自己想著「是的，但是……」，那麼請繼續閱讀以下的內容，這些可能攸關你的生活品質。

”如果你為了控制生活而犧牲了健康的本能，你遲早要受苦受難。“

人性可以遠溯到幾百萬年前的非洲大草原時期，在漫長的演化過程裡，人類發展出許多本能、直覺和其他生存技能。然而，我們沒有信任這些與生俱來的、不假思索的能力，來反應和回應生活，而被尋求控制的教條洗腦：先弄清楚生活，再做出反應行動。不必再去尋找什麼原因，就能知道為什麼現在變成一個想太多的社會。

回想一下前一章，倘若我們把所有求生本能與天性視為海洋，那麼正常的自我意識只是浩瀚汪洋中的一座小島，而對支配上癮的人則恰好相反，他視控制為人生的首要保護力量，就像大海一樣強大。問題就出在這裡，當我們自然的、無拘無束的生活能力臣服於控制的狹隘心態時，便開始失去本能的、自發的處理生活的能力，最終將因控制施加諸多需求而負荷過重，這類需求包括憂慮、反覆思量、完美主義、恐懼等等。一旦不勝負荷，我們終將精疲力竭，就像一組機油耗竭的馬達：因摩擦生熱而冒煙，然後嚴重磨損，最終必然會停止運轉。

你有沒有留意到你生命中何處開始冒煙？摩擦可能會以焦慮或煩躁的形式呈現，也許只是每天上班時隱隱覺得腸子打結，或者可能你已經對夫妻間的性關係興致缺缺。如果你看到心理摩擦造成的煙霧，那麼你務須停止給予自己過重的負擔，你理應立即發現到，控制欲是生活中導致摩擦的成因。我們的學習目標是使控制欲從生活中銷聲匿跡，讓自然的本能和直覺成為生命旅程的潤滑劑。

控制，使人瘋狂

一旦開啟通往真相的門扉（而不是被控制扭曲的事實），你已確確實實準備好改變自己的生活，即使改變總是可能的，我們有時仍會覺得改變自我或生活方式簡直是不可能的事。不要被這種感覺欺騙了，事實並非如此！我知道感覺可以非常有說服力，但也可能會掩蓋真相，只須問問克莉斯汀就知道，她認為自己太瘋狂了。她沒能意識到，這僅是她覺得能夠控制生活的一種獨特方式。

在克莉斯汀出生後，她的母親經歷了嚴重的產後憂鬱症，並且被迫和克莉斯汀分隔了兩年。當克莉斯汀四歲時，她的父親突然死於心臟病，然後在克莉斯汀十五歲那年母親因癌症過世，留下她和兩個連自己都照顧不好的哥哥一起生活。

克莉斯汀的過往經驗充滿創傷，使得她缺乏適當的愛與安全感基礎（她的不安全感的根源），這在她的青少年尾聲變得顯而易見，當時她的行為開始惡化，她擔心並執著於所有事情——外表、朋友、說了什麼或是沒說什麼（這一切都是出於控制策略）。她受不安全感驅使的反覆思量有時會持續好幾天：如果她認為我很自私呢？我非常焦慮，無法確定自己說了什麼。也許她認為我瘋了。也許她會告訴朋友關於我的事情。他們會怎麼想？也許……克莉斯汀的不安全感也表現在她不穩定的社會化過程中，朋友們無法理解她難以預料的行為，開始與她保持距離，克莉斯汀將此解讀為她的疑慮和恐懼確有實據，看來，她真是瘋了。

否則，還有什麼能夠解釋她為什麼沒有朋友呢？對克莉斯汀來說這很明顯，她認識的每個人似乎都持相同看法。她承認自己瘋了，從而獲得一種奇異的解脫感，因為老實說，倘若你精神異常，就可以在生活上獲得諒解，不必對自己的行為負責。而如果你無須對自己的任何言行負責，就可以避免任何可能的攻擊或批評，也就是說，一切都在你的控制之中。

當克莉斯汀找我諮商時已年屆三十歲，她早已接受了自己的命運：「每個人都知道我瘋了！我無能為力，我只是不斷地做出瘋狂的事情。我再也不在乎了，我不想活下去，即使我的精神科醫師說這樣不正常！」起初她接受治療，是因為她的哥哥偶然發現我早年關於自我訓練的書，並且認為這正是克莉斯汀需要的。克莉斯汀對於心理諮商並不熱中，她已經找過太多的治療師和精神科醫生，對於向我求助她沒有任何樂觀的期待。在她的心中，我只是又一個會讓她失望的心理師。

尋求改變

最初，克莉斯汀並未定期到診，但她確實成功地串連起足夠的療程，所以能夠了解我的方法。儘管她初時堅稱「為什麼要這麼麻煩，有什麼用？」但當她審慎地對自我對話這個新方法產生興趣時，內心似乎有什麼被激發了。從克莉斯汀的案例來看，對任何事情感興趣實為重大的正向改變，你可能會好奇，她的控制策略具有使自己免於對生活負責的作用，那麼她為什麼會對改變感興趣？這個問題的答案很重要。無論你的控制策略多麼有效，都需要極大的努力，最終都會為了維持它們而精疲力竭。

克莉斯汀對控制策略感到疲憊不堪、厭倦、沮喪，並且渴求她覺得不可能獲得的生活方式，而所謂的「不可能」，僅僅只是因為她相信自己瘋了這個虛構的想像。請記住，你對更自然的、自發的、積極生活的渴望，可能會受到壓抑，但永遠不會消失。在得知有這個自我對話的新選擇之後，克莉斯汀振奮不已，逐步領會了這個方法的要點。

儘管她的行為確實有點怪異，但我立刻意識到，奇怪的地方在於她的行為完全像個孩子。她愛發牢騷，說話時目光從不與人接觸，聲音聽來羞澀，時常莫名其妙地發脾氣，還抱怨治療和生活對她而言實在是太困難了。在初期的療程中我很掙扎，難道她只是極度不成熟而且對此習以為常嗎？

自我對話強化訓練

我想與你分享一種在治療中從未失敗的技巧。每當我試圖從自己面對的混亂中理出頭緒時，我總是問自己：「這與控制有什麼關係？」在克莉斯汀的案例中，我得出的結論是，停留在孩童狀態讓她得以免於承擔成年人的責任，從而滿足自身的控制欲。

關鍵不在於她的生活一團糟，而是她覺得自己不需要直接面對令人恐懼的生活，畢竟那是極大的風險。正如我一再重申的：控制會扭曲現實，當你力圖從種種掙扎和困惑中理清脈絡時，**始終要問自己：「我的症狀和控制有什麼關係？」**你會發覺，就像我不斷發現的那樣，所有的內心掙扎都與控制欲有關！

勇於對抗控制欲

我開始條理分明地挑戰克莉斯汀尋求控制的想法，也就是自己精神失常因此可免於任何生活上的責任。由於她懷有深刻的不安全感，因此選擇非常有限，她可以冒險面對生活，但考慮到她對自己的信任程度極低，這似乎是不可行的事。我做的第一件事是限制她歇斯底里的日常電話，她已經很習慣要立刻得到答覆，即刻通電話是她的反射動作。她必須明白，倘若她堅決認為我有答案，就永遠無法建立自信，有一天我輕描淡寫地對克莉斯汀說：「我的工作不是給你魚，而是教你釣魚的方法。」

「我討厭魚！」她回答，「我不知道該怎麼做！你難道不明白嗎？我無法終止這種痛苦！你到底怎麼了？為什麼不告訴我？你算什麼心理師？」

我堅守立場，向克莉斯汀解釋，她已經擁有了一切必要的治療工具。她的安全感和自信就像萎縮的肌肉一樣，必須接受鍛鍊和挑戰，最重要的是，克莉斯汀必須了解，她堅稱自己無法處理生活的說法並非實情。對於她歇斯底里地來電，我一概不予回應，於是她開始心不甘情不願地接受這個事實，她別無選擇，只能亂發脾氣，或者放棄這種行為。

歷經大約一個月的「增肌訓練」之後，變化發生了，克莉斯汀終於看清自己的真實情況，她整個人變得亮眼，眼睛炯炯有神，臉上掛著微笑，聲音充滿活力。克莉斯汀向我報告說，她獲得了一個啟示，她認識到這些年來自己一直表現得宛如「精神異常」，因為這與嘗試處理生活和面對失敗相比，讓她更有安全感。

我向她解釋到，就像白天時太陽使我們看不到滿天星斗一樣，自我厭惡和不安全感使她無法看清自己人格的真相。她並不是沒有能力處理生活，而是不安全感讓她無法領悟自己有能力應對生活。

克莉斯汀運用你很快就會學到的各種技巧，著手挑戰那些迄今對她來說似乎非常真實的假想事情，這激發了一些改變，雖然起初進展緩慢。克莉斯汀首度能夠透澈地洞悉事實，她著手挑戰那些控制生活的、被不安全感驅動的恐懼和疑慮。假想的事物一旦遭遇挑戰，很快就逐漸煙消雲散，她越認識自己生活的真相——她並不瘋狂，事實上非常理智——就越有力量。

克莉斯汀開始按部就班地在一家麵包店做事，目前已能每天工作。她也勤奮地上健身房鍛鍊自己，並且逐漸脫胎換骨。我必須承認，初次見面時，她低著頭，眼睛快速地掃視四周，不停搜索警訊，確實讓我留下非常不對勁的印象。她第一天獨自開車來做心理諮商時，還曾經有人打電話報警說，有個「奇怪」的女人開著車慢條斯理地在街區繞來繞去，看起來十分可疑。

我希望你能看看現在的克莉斯汀。如今她總是昂首闊步，而且那些沉睡已久的特質隨著她的微笑綻放出來，她的妝容突顯出碧藍的雙眼，她外出約會，還回到學校深造。嗯，要我說，克莉斯汀發現了一個更成熟的克莉斯汀。成熟的潛能一直都在，不幸的是，它被克莉斯汀的不安全感和控制欲養成的習性凌駕了。有一件事是肯定的：克莉斯汀親身體驗到，感覺能夠如何蒙蔽我們。克莉斯汀的故事有點極端，但它指出控制欲不僅能塑造我們的個性，還會影響我們選擇理想生活的能力。

控制生活只會沒完沒了

父親曾於多年前教我雜耍技巧。方法是一手拿兩顆球，把其中一個向上拋，然後當第一顆球開始落下時，用一個弧形的動作把第二顆球往上拋——扔球，接球，扔球。好的，重頭戲是三球雜耍，三球雜耍的基本要求是讓一顆球懸在兩手之間的空中。必要的動作是兩手不斷循環地拋球、接球。至於四球雜耍，我就幫不上忙了，因為我從來沒耐心學習更複雜的動作。然而，儘管我對三球雜耍駕輕就熟，偶爾還是會出錯，我玩這項雜耍時，曾經把柳橙砸爛在牆上，也曾用球撞毀高價值的物品。甚至有一次為了給女兒留下深刻印象，我試拋過三個小南瓜，當兩顆南瓜在空中碰撞時，嗯，我可以說，當被拋出的南瓜砸爛在地上時，會搞得現場髒亂不堪，我的女兒可以作證。

拋球雜耍之所以困難，是因為它違反自然規律，這些球必須遵循重力法則。當你試圖控制生活時，就是在違抗自然法則，也就是我所謂的心理自發性（psychological spontaneity）。心理自發性即是活在當下、對生活諸事做出反應，而不是抽象地在腦海中預期可能會或可能不會發生的未來事件。

所以，倘若有人邀請你參加一場派對，重要的不是想清楚自己會不會玩得開心，而是應邀出席，並且自在地參與其中，你不需要想太多，去就對了。自我對話的訓練將指引你怎麼做——告訴自己，無論發生什麼事，你都能妥適地應對。假如有人冒犯你，你會適切反應；如果派對很無聊，你會挺過去。你不必凡事遲疑，不須在按下會場門鈴之前先想清楚一切！

當你不信任自己處理生活的能力時，就不能自由自在地生活，你要相信自己的言行會恰如其分，而且你有能力自我提升。如果你讓不安全感削弱自我信任，那就不會有興趣冒任何風險，因為這時你唯一能做的就是排除風險以免感到失控。為什麼會這樣？癥結在於控制欲，一切都可歸咎於它。

控制欲看起來如此不可抗拒，原因出自一種被誤導的想法，也就是只要全力以赴，我們實際上能夠掌控命運：如果……那麼我在派對上會玩得開心嗎？精力充沛的年輕電工查爾斯在諮商中告訴我，他計畫再赴大西洋城旅遊，自從上次去了這個賭城以後，他一直在設想如何打敗特定的吃角子老虎機，那是可以讓賭本增加十到三十美元的博弈機器。查爾斯已經想好了一切，而且確信他的複雜計畫會帶來一筆財富。

查爾斯去大西洋城一週之後回來繼續療程，不情願地向我講述，他如何四度舉步維艱地走到自動提款機去領錢以補充賭資，他最終損失了三千美元。當我問起他的計畫時，他自稱並沒有放棄，只是必須做一些調整，他打算日後累積更多的錢再去把輸掉的錢贏回來。就像大西洋城的吃角子老虎機一樣，不安全感總是會打敗你，或許一開始不會，但它遲早會擊潰你。你是否像查爾斯那樣，一心一意尋求更多的掌控，確信自己的幸福大獎取決於它？

控制的反面是風險。毫無疑問：倘若你感到不安全，試圖管控生活似乎比承擔出於本能帶來的風險更妥當。畢竟，假如你沒有做好準備，能夠如何應對生活的種種挑戰？你會嘗試任何似乎可以掌控和隔離生活疑慮的策略，不是嗎？具有自信心和安全感的人會說，只要我問出口，就能知道蘇是否真的愛我，而沒有自信和安全感的人必須預期即將來臨的事情：如果她拒絕我，該怎麼辦？我能夠說什麼？假如她不能確定呢？如果……

控制是減法

控制策略有很多種，我們可以把每一種策略視為雜耍遊戲中的球，尋求掌控的人不知不覺中一直在練習和完善一種雜耍技能，例如「**萬一……**」也可以是你賴以預期（並控制）問題的一顆球。另一個選擇可能是「**我必須**」，也就是強迫自己嘗試排除問題。也有可能你是一個常說「**是的，但是**」的人，總是尋找合理的藉口來使自己免責。每個人對控制策略的需求大相逕庭，有人只需要一些策略，而有人則擁有大量的利器。

你選讀這本書，我將假設你的生活並不符合自己的理想，無論你的期許、希望或願望是什麼，你都還不夠成功，但你已經全力以赴，為什麼沒能得償所願呢？你看到身邊有許多成功、快樂的人，為什麼是他們獲得成功和幸福而不是你呢？你有意或無意地祭出種種控制策略，不就是為了避開生活方方面面的問題，並且弄清楚如何達成冀望的目標嗎？那麼，你為什麼如此痛苦呢？你賴以達標的法寶在哪裡？這一切似乎都說不通。

控制生活是不合理也說不通的作法，因為控制不是加法而是減法，任何違反自然的行動事實上都會造成摩擦，心理摩擦不僅會減損生活，而且最終會把你磨損到一事無成、釀造災禍甚至情緒崩潰的地步。控制生活違反自然法則，畢竟正如我在前一章所說，控制生活是一種神話，客觀的事實是，生活無法被控制。

即使有了深刻的理解和覺悟，你仍可能對挑戰控制欲猶豫不決。這種顧慮是正常的，當你不再訴諸防禦性策略、沒有了逃避的正當藉口時，內心無疑是毫無保護且脆弱易受傷害。在這個短暫的、令人提心吊膽的時刻，你必須屹立不搖、承受一切，而且要堅決抗拒各種控制策略的誘惑。假如你忙於重拾控制策略，回應你的不安全感觸發的假想事物，那麼自我對話是無法幫助你的。你務必要甘冒風險，勇往直前，允許自己毫無保護、脆弱易受傷害。你只須堅持到足以看清真相。一旦你做到了，就不再需要我的鼓勵。

06

反射式思維

我的女兒剛開始學開車。我能夠理解她的掙扎，沒有什麼是自然而然就會的，她必須思考所有事：我會不會開得太快？我應當現在開始轉彎嗎？我離那輛車太近了嗎？在這個階段，駕駛汽車全然是在意識、智力的層面處理事情，但幾個月後這一切都會改變。

至於我則有數十年的開車經驗，我是在自家後院學會開父親的雪佛蘭一九五五年款汽車，我永遠不會知道自己怎麼沒在從一檔換到二檔、於車道盡頭猛踩剎車、接著打倒車檔時燒壞車子的離合器，我仍對自己能應付自如地駕駛複雜的手排車感到難以置信。妻子上週問我，為什麼我開車總是不太平穩，我思考了一下，注意到自己在加速時會有反射動作，彷彿是在駕駛我父親的雪佛蘭老爺車！我會先減輕踩油門的力道，猶豫一下，就像是在做換檔的動作，然後再續踩油門，妻子的批評其來有自。舊有的反射動作迄今仍如影隨形，真是不可思議。

無論是什麼活動，像是開車、揮高爾夫球桿、或學習辦公室禮儀，剛開始時都必須投注意識和努力，但隨著時間推移和反覆練習，相關動作就會完全自動化，當有意識的行為轉變為自動化的行為，我們會說這已經成為一種反射動作或習慣。特定的習慣和反射動作，例如用鍵盤打字或騎自行車，價值在於不需要一再重新學習和理解。毫無疑問，某些反射動作屬於決定性的優勢，倘若沒有這些必要的反射動作，我們能夠每天開車嗎？讓我們檢視一下：把鑰匙插入點火裝置。好的，向右轉動鑰匙，排檔打到前進檔，踩下油門……踩過頭了嗎？我會不會開太快？要使生活更有效率，我們必須具備自動化的、意識不過度介入的能力。

當思考變成反射動作

大多數有用的反射動作，例如開車或撥打熟悉的電話號碼，並不需要任何正式的思考和認知過程——你只是自動地做出反應，最好的描述可能是**自動化思考**（autothinking）。另外還有一種無用或無益的自動反應，也就是透過懷疑、恐懼和憂慮猛烈打擊我們的思考方式，我稱之為**反射式思維**（Reflexive Thinking），這種比較老舊、原始的思考習慣是由不安全感驅動，並且具有十足的破壞力。

本質上，我講述的是兩種不同類型的習慣。第一類自動化思考，包括咬指甲、彎腰駝背、玩頭髮、不當地把手肘放在餐桌上，或者像我開車時會有無意識的動作以致惹惱妻子，這些積習不必然經過深思熟慮，我們可將其描述為不經思考的反射動作。在談論習慣時，大多數人會想到的往往是這種自動的、不涉及任何正規思慮過程的習慣。

第二類思考習慣屬於反射式思維，可能會表現出自我懷疑、悲觀或恐懼的傾向，這些是由不安全感驅使的**心理層面**的習慣。反射式思維通常以具破壞力的、重複性的主題出現在生活中，例如，「我做不到，那太難了，我不在乎是否受批評。我就是不夠好。」或者，「不，我別無選擇。我必須做到完美。」反射式思維完全仰賴負面想法餵養，藉以保持活力。理解反射式思維能幫你找出陷入停滯、相同問題反覆出現的原因，以及理解為何你變得如此無能且無力。

當不安全感主宰一切

現今的你是你一生習慣的總結。在檢視當下的生活時，你看到的不僅是此時此地的瞬間，也將見證此前一切事物累積的結果，生活中的跌宕起伏、病痛、分離、創傷、驚喜、成功、失敗和意外，共同塑造出當下的你，而不安全感是整個形塑過程背後的一股關鍵性構成力量。

如果是不安全感驅動了你的反射式思維，那麼你可能習於強迫自己做**必須**做的事，而不是做**想做**的事。你或許也有憂慮的習慣——長期擔心假設性問題的反射式思維，這種長期存在的習慣可能看起來完全自然，彷彿是你的一部分。但是，事情看起來似乎自然，並不意味它確實是自然而然。生活中真正自然的部分會順理成章地從我們身上流露出來，會使我們恢復活力並逐漸變強，這是一種創造性力量，生物學家稱為合成能量（anabolic energy）。還有另一種要求付出、維護和耐力的能量，也就是不安全感賦予的分解能量（catabolic energy）。

”所有反射式思維均會消耗你的能量。“

反射式思維——分解能量的思考——會消耗而不是恢復你的活力。這種心理上的能量消耗可能並不總是戲劇性的，甚或並不明顯，但是毫無疑問，它會不斷累積，並且帶來麻煩。一旦能量耗盡，你就成為典型的「遲早會發生意外」的那個人，而在走向崩潰之際，你的生活開始搖搖欲墜，停滯不前。

以二十九歲的獸醫凱莉為例，她以為能夠隱藏自己的不安全感，直到有一天，反射式的、分解能量的思維終於招致危機，她因為恐慌發作而無法為一隻德國牧羊犬完成手術。四十歲水管工人安迪是反射式思維累積效應的另一個實例，起先他在人群裡會感到害羞，這屬於個人煩惱而非一項問題，但隨著時間推移，他發現自己越來越難以應對客戶，當他無法回覆顧客電話而致生意一落千丈時，他知道自己面臨了大問題——這是分解能量的問題。

以下列舉一些合成能量和分解能量的反射式思維，想一想你是否符合這些描述：

合成能量：聽音樂

分解能量：總是忙碌，始終沒有時間放鬆

合成能量：享受朋友來訪
分解能量：掩飾自我，而不是與人建立真實的關係；寧願獨處
合成能量：透過冥想、禱告或沉思來放鬆
分解能量：只有在被外部事物（電視、酒精、競爭等）分散注意力時才能放鬆
合成能量：享受成功
分解能量：對成功從未感到滿意
合成能量：藝術層面的追求——過程導向
分解能量：要求或追求完美——目標導向
合成能量：珍惜快樂的時光
分解能量：永遠不夠快樂
合成能量：健康有度的生活
分解能量：為了保持身材而過度運動，或是生活過度放縱，例如暴飲暴食或菸不離手

合成能量：信任自己的決定
分解能量：對自己的決定心存愧疚或疑慮

合成能量：對履行承諾沒有問題，比如維持人際關係、守約、守時
分解能量：對承諾有困難，難以建立親密關係、總是遲到、總是匆忙行事

倘若你符合任何一個分解能量的例子，那麼你應該意識到情緒內耗正在磨損你的生活品質。自我對話的訓練是一種合成能量的計畫，有助於你學習如何不讓自己的能量消耗殆盡，以及如何恢復活力。

下意識反應的生活

反射式思維並不是尋常意義上的想法，而是不安全感驅策的、宛如預先裝訂好的、了無新意的劇本。反射式思維的焦點可能隨時間推移而改變。當你年輕時，也許會無止境地擔心自己的外表和身材，如今則可能更憂慮金錢和安全，比較不會擔心體重增加了十磅。焦點可能會轉移，但腳本都一樣：充斥著自我懷疑、不信任，以及不計其數的假設。換句話說，反射式思維的要點不在於髮型美醜或銀行存款是否充足，而在於你是否覺得自己能夠駕馭生活。總而言之，

試圖控制生活將不可避免地導致反射式思維，進而引發下意識反應的生活方式。

反射式思維源自人格形成時期，通常留有一種獨特的孩子氣。鑒於這種不成熟是反射式思維的典型特徵，我在以往的著作《自我訓練：如何療癒焦慮症和憂鬱症》中，曾把這個概念稱為無安全感孩子的心聲。現在我要精煉和擴展這個概念，因為雖然無安全感的孩子這個概念對許多人有幫助，但也可能是造成混淆的源頭。因此，我在本書把不安全感驅動的思考稱為反射式思維，藉以描述破壞性的、不安全感促成的思考過程，而不單是給它貼上標籤。（「無安全感的孩子」這個概念可以提供具體的洞察或清晰的思路，所以我仍將適度地使用它。）

> **當我們不去質疑不安全感時，將無可避免地陷入反射式思維。**

自我對話強化訓練

這裡有一個實用的工具：每當變得煩躁不安或感到沮喪時，除非那是對實際生活創傷的直接反應，否則理應抱持質疑反射式思維的態度。請思考一下這個問題：令我煩惱的是事實（實際存在的事情，如爭論、失業、疾病），還是假想（未來將會搞砸或可能出錯的事情）？**告訴自己，「我只煩惱實際發生的事。」**這是你的選擇：你可以盲目接受不安全感的支配（對假想之事做出回應）或學習勇往直前（只對事實做出反應）。倘若你決定開創自己想要的生活，那麼你對生活的實情和真相的理解越深，就越容易從假想中解放自己。

> **「在任何對抗中，保持好奇、理性，並找出其與控制欲的關聯，可以防止你在無意之間成為反射式思維的犧牲者。」**

反射式思維通常未被我們質疑，有三個原因：

一、它已成為自動的思考習慣，從而成為你控制策略的一部分。

二、你並未察覺控制欲正在支配和毀壞自己的生活，而且對你來說，反射式思維似乎是必要的，且具有保護作用。

三、你沒有足夠的自我信任，無法拒絕不安全感驅動出來的假想之事，或不敢冒險去信任生活中的各項事實和真相。

你的選擇：事實或假想

我們很快就會探討自我對話的五個步驟，好幫助你改造生活，在此之前我想讓你前瞻一下未來的樣貌。你現在就可以著手挑戰一些典型的反射式思維，以預先建立一個簡單的基礎，辨識出這些以前未被注意到的反射式思維，你就有力量區別有益和成熟的想法，與防禦性和具破壞力的想法有何差異。你只需問自己一個問題：「我感受到的是事實還是假想的事？」這個簡單的問題蘊含的力量足以揭穿不安全感的整個祕密。為什麼？因為你會把意識引入自己的處境。

記住，反射式思考已經變成不假思索的習慣，可以順暢地運行並破壞你的生活，尤其是在你尋求其他方式的時候！留意你每一次內心掙扎時內在的選擇，好揭露你的反射式思維。一旦你看清自己有所選擇，正如第一次世界大戰時期經典歌曲的提問，「當他們見識了巴黎之後，如何能夠讓他們留在農場上？」（編按：意思是，當一個人體驗過更多元的世界後，就不會滿足於先前單一的生活。）只要你洞悉真相、看清各方面事實，就不會回到盲目接受假想的狀態。

檢視一下這兩者的差別：

反射式思維	事實真相
• 我太老了，不能回到學校。	• 好吧，我承認自己害怕一旦回學校有可能會失敗，但我不必讓恐懼主宰我的選擇。
• 我無法與他們交際，我可能會感到尷尬。	• 我的舊直覺反應認為我無社交能力，然而當我放鬆時，我可以做得很好。
• 我沒得選擇，我不能拒絕他。	• 我當然有所選擇，這只是我疑慮的本能反應，才會誤以為我不能回絕。

- 為什麼我會這麼說？我真蠢！
- 我的人生將一事無成。
- 我當然感到沮喪；對我來說沒有什麼事情會順利。
- 你要我打電話給他？我做不到，我無法應付這些衝突。
- 我希望能更有安全感，如果不預先做完善的思考就不是我了。

- 我可以搞砸事情，儘管直覺認為我必須完美。
- 我的習慣是認輸，但我沒必要聽那些廢話！
- 我又下意識抱怨了。有這種態度，我就一事無成！
- 我不必贊同對世事悲觀的看法。
- 我並非不能應付，而是害怕冒險去處理。倘若我繼續逃避每一項挑戰，永遠不會變得更堅強。現在是時候決定我真正想成為什麼樣的人了！
- 不安全感或許讓人覺得是自然的感受，但我知道它只是一種習慣而不是現實。當然，擺脫不安全感一開始可能會讓我不自在，但那又怎樣？我值得更好的生活，我將做必要的事來擺脫這種感覺。

健康的思維

我們現在可以簡單地說，當反射式思考停止時，健康的思維就得以啟動。健全、自由、基於真理的思考是解方，也是自我對話訓練的目標，但對許多深陷不安全感之中的人來說，健康的思維是一個遙不可及的目標。什麼是健康的思考？這是一種有意識的、不受不安全感污染的解決問題方式，能促進更自發的生活能力，特點是清晰的思路。但是，健康的思考不會消除你生活中所有壓力和焦慮，每個人的生活都會面臨挑戰、障礙和痛苦，這是人生常態，只有在我們任由不安全感扭曲合理的挑戰時，生活才會變得難以駕馭。

三十四歲的律師艾琳歷經千辛萬苦才學會健康的思考。我第一次見到艾琳時，她的律師執照被暫時吊銷，而且即將面臨瀆職訴訟。在等待已久的開庭日期宣布之後，艾琳開始出現憂鬱症狀，時常怒不可遏，更頻頻遭遇毀滅性的恐慌發作。隨著官司開庭，她的狀況日趨嚴重。

眼見症狀越來越糟，艾琳意識到任何進一步的惡化都將危及她履行職責的能力，反射式思維將她棘手又悲慘的處境轉變為難以置信的噩夢。當艾琳出庭時，她不僅無法清晰地思考，還變得歇斯底里，使得法官數度宣布休庭。她的焦慮開始外溢，並對生活造成影響。她寢食難安，無法停止想像（忠誠且保護她的）丈夫將離開她、孩子將蒙羞、自己終將被送進精神病院。她的境況著實堪憂，而她的反射式思考導致的想法更令人掛心，艾琳打電話聯繫我的時候，她已遭到憂慮和反覆思量吞噬，也明白自己身陷困境。

我從第一次諮商意識到，最迫切的優先要務是幫她掙脫反射式思維的束縛，以及著手為更穩健的想法奠定基礎。我為艾琳上了一門速成的自我對話課程，我們一起繪製她理應遵行的路徑圖。一開始，她只是堅定地不去餵養如失控列車一般的反射式思維，她知道自己不可掉以輕心，而且她確實沒有等閒視之，她像戰士一樣努力抗拒反射式思考，然後日漸能夠將事實與假想區分開來，並且拒絕讓不安全感驅使自己向下沉淪。隨著日進有功，她開始發展出既令人驚訝又讓人欣慰的心理韌性和決心，她不再感到心煩意亂，也擺脫了受害者心態，更鼓起勇氣反擊，開始取得成果。

艾琳必須努力維持健康的觀點，一旦她對反射式思維踩下剎車，生存本能就會浮現並為她承擔重擔。她開始以健康的思考取代歇斯底里的反射式思維，於是在法庭上的專注力、思路清晰度和效率突飛猛進。她得到更多的睡眠，並且秉持心理韌性安然度過訴訟。瀆職訴訟案最終被駁回，她的律師執照得以恢復。過程中，艾琳的家人始終如一地支持著她。

無論是面臨重大危機還是小爭執，從反射式思維中抽身出來，不僅有助於你發揮健康的思考能力，也能發揮本能和直覺能量以確保成功。

轉變心理的開關

我把反射式思維定義為不安全感使然的習慣性想法。眾所周知，習慣有頑強地抵抗改變的能力，馬克．吐溫曾經打趣說：「吸菸是世上最容易打破的習慣，我已經有過數千次經驗。」不論這句話是不是說得很巧妙，千萬不要被愚弄了，事實是，所有習慣都是學來的，所以一切習慣都可以被破除。把各式挑戰想像成心理明燈的開關尤有助益，每個人都有一個開關，開關往下扳，不安全感就會主宰你的生活；朝上扳，你就是選擇去應對生活，而不是被生活消耗殆盡。是由什麼決定怎麼扳動心理開關呢？取決你冒險信任真相而不誤信假想之事的能力。

在接下來的章節，自我對話將確保你把開關向上扳。現在你只須理解，只要停止聽從反射式思維，不再相信改變是不可能的事，翻轉生活並非你想像的那般困難。

當生活動盪不安時，你會持續順從反射式思維，還是勇於冒險去探尋真相？

養育兩個孩子的二十六歲女子譚米，因為憂慮自己是不合格的母親而深感內疚，她覺得自己不論做多少事情似乎都不夠，唯恐有朝一日會因為自己的不足而失去孩子的監護權。反射式思維一直折騰她的情緒，致使她不相信丈夫和孩子都認為她很出色！譚米感到精疲力竭，毫無疑問她必須停止讓不安全感支配自己的想法，但她心懷畏懼：

當內心的一部分不斷產生恐懼時，我怎麼可能信任自己？我怎能選擇不去相信那些疑懼？怎能覺得自己真的很好？我怎樣才能真正明白那些想法只是瞎操心、我其實不會傷害自己的孩子？我感覺自己被不安全感踐踏，那種感覺如此強烈，我不知道該怎麼辦。不，我沒說實話。我說不知道該怎麼辦並不完全是真的，我曉得該怎麼做，但其實我似乎無法做到，即使我明白自己必須做什麼卻無能為力。我如何說服自己相信那些憂慮只是假想的事？倘若那些想法和我的孩子無關，我就不必如此緊張，但我不能拿孩子的幸福去冒險。

我的回應是：

你小時候曾相信世上有妖怪嗎？如果是，那麼你可能記得自己曾經因為想像的事物而遭受莫大的折磨，在某種意義上，現在使你受苦的是你的不安全感創造出來的令人懼怕的妖怪，而你相信自己正是那個假想的可怕母親。你是反射式思維的受害者，它堅稱你不能信任自己的看法。你必須努力看清真相，不要陷入下意識的歇斯底里！促使自己認識生活的本來面貌，不必在意你的不安全感如何描繪它。當前的解決方法和你還是孩子時沒什麼不同：你必須再次開啟意識的光，然後，只有真相會留下來——沒有妖怪。

你對反射式思維有了更深入的理解，並且做了一些練習，你將會驚訝地發現，要判斷究竟是自己在思考，還是不安全感在為你思考，實為明顯且容易的事。透過檢驗反射式思維的影響，你將能消滅自己生活中所有的妖怪，你也能冒險去相信真相而不誤信假想的事物。一旦做到這點，你的生活將開始展翅高飛，而你根本無法阻止這個變化。

07

不要隔離自己和逃避生活

當反射式思維讓你確信自己無法應對生活時，常見受誤導的心理防衛方式就是孤立自己和逃避生活的挑戰。這種作法就是試圖使自己隔絕傷害，就如同冬季的保暖大衣可以禦寒一樣，訴諸隔離的控制策略力圖在你和危險之間建立一個保護緩衝區。

在不安全感驅使下，不足為奇的日常經驗可能成為各種形式的心理隔離措施，這廣泛地包括情感疏離（冷漠）、過度閱讀或看電視、酗酒或濫用藥物、被動、工作狂、憤怒或敵意、迴避社交或膽怯、漠不關心、過勞或嗜睡、憂鬱、甚至體重過重。

雖然任何表現形式一旦過度可能會引起關注，但人們鮮少看清實情——這些都是一種控制策略，讓你有藉口逃避生活。

由於隔離自己的生活很少被視為不快樂或失敗的主要原因，所以接下來要做一個重要的自我檢測，幫助你評估自己是否一直試圖逃避生活裡的挑戰。

自行檢測隔離自己的心理防衛

請仔細閱讀以下問題，但不要過度思考你的答案，根據你生活的普遍情況來圈選是或否，即使你不完全確定，也要回答每一個問題。測驗結束後計分。

是　否　我通常在獨處或與家人共處時感到最舒適。

是　否　我能夠自得其樂。

是　否　雖然有可能不會表現出來，但我通常對人有所防備。

是　否　我不喜歡別人幫助我（我寧願施助而非受助）。

是　否　我沒有很多親密的朋友。

是　否　我比較喜愛獨享的嗜好或活動。

是　否　我有過度沉溺於酒精或藥物的傾向。

是　否　我喜歡大多數逃離的方式（例如專案、工作、電視、電玩遊戲、閱讀）。

是　否　我寧願清理壁櫥（做多出來的事），也不想和朋友出去玩。

是　否　人們往往讓我失望。

是　否　我是害羞的人。

是　否　我經常根據心情決定是否接聽電話。

是　否　我不是自動自發的人。
是　否　我被批評為情感冷漠或與疏離。
是　否　當我感到必須自我防衛時，有對人產生敵意的傾向。
是　否　我傾向於對他人隱藏自己的真實感受。
是　否　我似乎難以在情感上與他人有親密連結。
是　否　我的脾氣曾讓自己陷入困境。
是　否　我說過許多出於善意的謊言。
是　否　種種關係泰半會帶來問題。

假如你的答案超過14個是，那麼你顯然有隔離自己的傾向，重要的是別再延續那些特定的習慣，這需要借助一些自我對話的訓練。回答9到14個是表示你有中度隔離自己的傾向，要留意本章提出的各項警示，別讓隔離或逃避的傾向進一步發展。少於9個顯示你隔離的傾向並不顯著，然而在應對壓力時，你可能偶爾會採取隔離策略。

有害的隔離，有益的隔離

將自己與危險隔離開來似乎是個好主意，只要你能夠依據第四章的內容分辨客觀條件驅動的（好的）思維和不安全感驅使的（壞的）想法。當我們試圖區別有益的（好的）和有害的（壞的）隔離舉動時，起初可能面臨一些挑戰，因為兩者之間的差別微乎其微。請閱讀以下的例子，看看你能否識別，當受客觀條件（事實）驅動時，隔離傾向於更為理性、更符合比例原則、更有所節制。而另一方面，在被不安全感（假想）驅使時，隔離會傾向於非常消極被動、感情用事、與眼前的情況不相稱。我們還要注意，有益的隔離只會是事實使然，而有害的隔離可能最初是對事實的回應，但終究會從事實轉向假想：

客觀條件驅動的隔離：我剛得知同事在老闆面前說我壞話（事實），此後我會留意自己的一言一行。

不安全感驅使的隔離：老闆今天早上對我不太親切（事實），肯定有人在說我壞話（假想）。從現在開始，我不跟任何人說話！

客觀條件驅動的隔離：鮑勃的競爭心很強烈，他甚至說六個月後就要接掌我的職位（事實）！很遺憾，我必須保護自己，確認所有的檔案即時更新。

不安全感驅使的隔離：鮑勃看來是一個危險的傢伙（事實），我打賭他正試圖在老闆面前貶低我（假想）。我不想承受這種壓力，我要辭職！反正，誰稀罕這份工作！

客觀條件驅動的隔離：我的前男友將參加這場派對（事實），我當然無意與他交談。

不安全感驅使的隔離：什麼！我的前男友將參加這場派對（事實）？我的體重驟增，他看到我肯定會心生厭惡（假想）。不，我不要出席這場派對。

客觀條件驅動的隔離：雪莉十分自以為是（事實）。當我們在一起時，讓她做決定能減輕我感受到的壓力。

不安全感驅使的隔離：雪莉今晚要加入我們（事實）？我今晚只想待在家裡，我突然覺得很累，無法出門。反正，沒有人真的在乎我是否加入他們（假想）。

客觀條件驅動的隔離：我的母親不斷來電（事實），她快把我逼瘋了（事實）。我將購買一台電話答錄機，並過濾掉她的某些來電。

不安全感驅使的隔離：我不認為自己有得選擇（假想），我只能冷落母親。她遲早會領略我的暗示，然後停止打電話給我。

客觀條件驅動的隔離：凱西總是讓我感到困擾（事實），我們沒有理由時常會面。

不安全感驅使的隔離：我不能讓凱西失望，這會讓她覺得生無可戀（假想）。從現在開始，當凱西和我外出時，我將堅持去酒吧。在酒過三巡之後，我的感受應當會好一些。

讓我總結一下有害和有益的隔離之間的基本差別：

有害的隔離

受不安全感（非客觀條件）驅使，你將自己與生活隔離，從而感到獲得更多管控。（假想被視為事實。）例如：憂慮可能說出讓自己後悔的話而避免對話；擔心鄰居可能期望你為他們清除積雪而不買剷雪機；無意承擔縱情喝酒的風險而不參加公司餐會；為了免於過度暴露自己而迴避親密關係。

與客觀條件不相稱的隔離舉動是有害的。例如：因為不想被告知必須減重而拒絕就醫；在屋裡發現老鼠而賣掉房子；發現男友在看另一個女孩而分手；憂懼恐怖主義而拒絕搭飛機。

有益的隔離

當你為了保護自己或促進必要的身心復原，而迴避合理的威脅生活的客觀條件（事實）時，隔離舉動是有益的作法。護衛自己免受所有形式的危害，對你有所助益。例如：在比賽中告訴球友你必須休息一下；與患流感的人保持安全距離；由於太累而拒絕邀約；因為和孩子爭執而找保姆代為照顧，並為自己預訂週末有供應早餐的旅館舒壓；放下工作，外出散步。

當你還沒準備好應對合理的威脅或挑戰時，隔離舉措是可行的作法。例如：推遲無法做好準備的考試；婉拒在事先未獲得更多訊息的情況下盲目赴約；在未預先與醫生討論的情況下，不參加馬拉松賽；當無法自在地和某人相處時，避免親密關係。

與客觀條件相稱且適當的隔離舉動是合情合理的。例如：無意接近令自己討厭的人；不想和欺騙你的人約會；拒絕酒後開車；避開讓自己感到不自在的人；在過去三小時已和母親講過三次話，因此對於沒回覆她的來電不感到內疚。

由於有益的隔離舉動是一種加分，我們不須再進一步討論。接下來，我將專注於探討不安全感驅使的有害的隔離舉動。為求簡明扼要，從現在開始，我將把不安全感驅使的隔離簡稱為隔離。

在保護殼裡生活

蛤蜊、牡蠣、龍蝦、烏龜和犰狳有什麼共同點？牠們都依賴自身的外殼來保護自己免受外界傷害。當生活面臨挑戰時，隔離舉動可以為你提供一個強大的保護殼，或許心理上的保護殼並不像牡蠣或犰狳的外殼那般堅硬，但毫無疑問的是它們同樣難以穿透。

大多數心理層面的事物都可以在天平的兩端被清晰地表達，隨著一種傾向增長，相反的傾向將趨於弱化。倘若你不斷為自己打造保護殼，必然會削弱你處理生活的能力，事實就是這麼簡單。四十歲的高中體育老師查理來找我諮商時，已經「逃避生活和隔離自己」長達十九年。儘管他當時並未意識到，但他已準備冒險把頭伸出保護殼外並投入生活，查理指出：

我每晚回到家都筋疲力盡，最不想做的事就是和任何人通電話，我往往關掉電話鈴聲，讓答錄機應接。然而，我會在幾天後開始感到內疚，尤其是當母親不斷來電說：「我從不知道你究竟是活著還是死了。」我真的不明白，為什麼人們不能接受我寧願獨處的事實？他們就是不想理解這件事。

我在晚間上演孤獨的儀式，看電視、上網、喝啤酒。別誤會，我不想喝醉，只是找點事做。我已超過一年沒上健身房，腰圍已經失控。我理應出門認識一些女孩，但現在……看看我，我是個魯蛇！我無法贏得芳心。

所有人和事都像是一種負擔。我知道自己總是在抱怨，但我只是想要享受獨處。可笑的是，老實說，當我獨自喝啤酒時並不快樂，我其實感到沮喪，我沒有自殺或其他念頭，只是為自己感到悲哀，我的心情越是低落，就越不想與其他人在一起，這就是我決定嘗試心理諮商的原因。也許我應該認命、接受自己獨來獨往的事實，人生就是這樣，對吧？

不盡然是這樣，查理。人生並非「就是」這樣，那只是你感受生活的方式！查理老是抱持著「假如我這麼做而沒有那樣做」的無奈心態，長年滋養著他的不安全感。上大學期間常抽大麻菸的查理決心主修化學，然後進醫學院。他在父母眼中是絕不會犯錯的寶貝，自查理孩提時期起，每個人都期待他成為明日之星，他的母親總是努力表現得伶俐又見聞廣博，而且往往向人介紹說：「這是我兒子，查理醫生。」

然而，查理自大學二年級開始沉迷於毒品和派對，當成績變差之後，查理覺得要學好有機化學和保持A等成績壓力實在太大，他沒有多想就轉為主修教育，因為他發現這比醫學院預科更易於應付，學業要求不那麼嚴格。

查理最終努力擺脫毒品，順利從大學畢業，昔日實習教學的學校有一個職缺，查理立即投入教職。然而，他在過去十九年裡一直抱持自我貶低的態度：「我必須承認，當我遇見女生，告訴她自己過去的作為時，總是會感到尷尬，有一兩次我甚至謊稱自己是外科醫生。那是很蠢的行為，但我只是想體驗一下會是什麼感覺。」

隨著查理著手探索他隔離自己的生活方式，我們識別出以下的特徵：

- 隔離下的思維：辱罵他人、自我挫敗和自我貶低（「我必須接受自己是失敗者的事實」或「我是二等公民」）
- 隔離下的逃避：拔掉電話線
- 隔離下的逃避：拒絕社交
- 隔離下的逃避：在辦公室孤立自己
- 隔離下的敵意：感到憤怒和敵意，以此做為與人疏遠的手段
- 隔離下的消沈：拉開距離的理由（能量低落、感到不知所措、不在乎、自怨自艾）
- 隔離下的逃避：借酒澆愁

查理開始運用自我對話學習找出真相以挑戰種種偏見，而不是盲目地讓反射式思維編造關於悔恨和遺憾的虛構故事。他喜愛自己的教學工作且表現優異，但反射式思考使他無法珍視這個簡單的事。查理說，在學校度過特別美好的一天之後，他會對自己的快樂感到內疚。為什麼？因為直到現在，只要他享受為人師表的時光，不安全感就會指責他讓父母大失所望。

這裡有一個令人驚奇之處。在查理走出厭惡自己的隔離狀態、認知到自身的特殊天賦和愛好之後幾個月，他遇見了一個女人，如今他們已經訂婚。你可以稱之為因緣際會，或者是命中注定，但實情就是：隨著生活態度轉變，查理時來運轉。我屢屢見證這種「巧合」，無法視若無睹。究竟是先有雞還是先有蛋？負面情緒似乎會招致不好的結果，而積極的態度顯然會培育成功，我將在後面的章節探討思維和信念能夠如何實際改變人們的命運和運氣。我知道這兩者之間沒有因果關係，但不知何故，我們**真正相信**的事物似乎會影響我們的運勢。

幸福正在尋找你

德國諺語說，**著手編織，上帝會給你線**。開始信任自己，答案就會找到你，我由衷肯定這種哲學，而且總是在療程裡加以實踐，倘若你相信答案能夠且將會找到你，那麼你驅使自己去理清一切的需求就會降低。讓你陷入困境的首要問題正是想要把所有事情搞清楚，對於受困於控制欲的人來說，要發現快樂之道，理應化繁就簡。

你可能覺得，試圖藉由更坦然和開放的方式接受生活來簡化思考，未免有點魯莽，畢竟，直到現在，思量如何控制生活似乎是你唯一真正可以信賴的方法。但事實是你的方法並沒有起作用！全力以赴、苦苦掙扎和企圖控制生活沒有產生你企求的答案，反而釀成更多問題。

我建議你放棄以反射式思維應對生活，並開始認清你不僅僅是自己所想的那樣。唯有捨棄行不通的控制策略，並且信任具有廣大潛力的本能，始能找到自己的答案、幸福、意義和目的。

”我發現自己越努力工作，似乎就越幸運。——湯瑪斯・傑佛遜（Thomas Jefferson，美國第三任總統、《獨立宣言》起草人）“

情感冷漠的人

還有另一種隔離方式，特點是退縮到逃避情感這個保護殼裡，問題包括害怕承諾或親密關係、限制或壓抑感情、膽怯或冷漠。為什麼逃避情感是隔離式的心理防衛？因為情感比思維更難以管控，如果你疏忽大意，可能會爆發自己無法處理的狀況，情感會洩漏你內心真正發生的真相，而努力控制生活的人可能會對此感到恐慌。他們可能正是透過逃避情感，來管控自己希望人們看到的事情。

辛希雅對她丈夫的描述，可供我們檢視這種微妙又具破壞力的控制形式：

我愛馬克，但有時我會質疑他對我的愛，儘管他說愛我，卻從不表現出來，他會談論包括夫妻關係在內的任何事情，但從不展露任何感情，當我試著追問他的感受時，他總是千篇一律地回答「我不知道」。馬克其實並不冷漠，只是他沒有……表達出來。

馬克確實會顯露某種情感，他偶爾會發脾氣，但這是他僅見的情感展現。他往往欠缺熱情、平淡乏味、中規中矩，即使是對待愛情也是如此，彷彿這只是機械式的日常例行的事情，有時我也不免納悶為什麼自己的感情沒被他澆熄？我感受不到他的溫暖或愛意，也無意建議他和我一起做些更冒險的事，馬克絕對不是勇於冒險的人。在耳鬢廝磨時，他會熄燈，不說話也沒有前戲……宛如他只是努力完成這次經驗。

馬克無法和任何人建立較親近的關係，我猜那就是他的本性。我也發現，當孩子們想擁抱或親吻他時，他會坐立難安，像是非常害怕什麼似的。天曉得他究竟怕什麼，我肯定不知道。

於是辛希雅和馬克展開婚姻諮商，而且兩人都能接受這個觀念：真正的馬克隱藏在逃避情感的保護殼中與世隔絕。我們要運用一些自我對話訓練，讓馬克願意冒險展露他的感情。一旦他這麼做，事情就會迅速改變。

辛希雅的直覺正確無誤，馬克根本不是冷漠的人。事實上，他的內心非常敏感、溫暖且充滿愛，只是早年養成的習慣使他堅定認為，自己的情感過於強烈，十分危險。馬克清晰地記得擔任鐵工的硬漢父親的座右銘：男孩務必要成為男人。在成長過程中，馬克每次顯露任何感情都會引發反射式的焦慮，從而想起自己一再因此被嘲笑是「媽寶」。他在很小的時候就領會到，抑制情感遠比展現情感更為安全，於是他的性格逐漸從敏感轉變成冷漠，至少，不再有人譏諷他是「媽寶」。在人格形成時期，馬克鍛造了一種原始的隔離情感的方式，並使其延續至今成為習慣。而現在，他開始挑戰這個習慣，這要歸功於辛希雅。

當我要求馬克質疑他自己認為情感十分危險的看法時，他無法說出一個合理的原因來解釋情感為何如此危險，他只能說：「情感之所以危險，就是因為我覺得它具有危害性。」馬克必須學習一些自我訓練：當反射式思維在掌舵時，你的想法和感受都不可信任。馬克害怕的不是現實，而是宛如幽靈的恐懼，這扭曲了他的知覺，並讓他成為人質。能夠真正對此發揮效用的是自我對話訓練，而不是傳統治療方法。

雖然我對馬克隔離情感的個人生命史深感興趣，而且探究其習慣的根源是引人入勝的事，但我必須再次提醒你，自我對話並不要求你回顧前塵往事，既然所有習慣都被表達和反映於當下，那麼為什麼要浪費時間追究過往呢？馬克需要的不是洞察力或是勞心費力的生命史探索，而是接受考驗、獲得激勵，以及確信自己能擺脫不安全感、停止不合理的控制生活。

”如果在籃球賽中場休息時，教練讓球員們討論比數落後的歷史原因，那麼球賽下半場開始時，場上只會有五個困惑不解的球員。優秀的教練理應做三件事：決定球隊必須做什麼、為球員點燃積極進取的心火，以及讓他們立刻身體力行！“

馬克在理解和掌握真相上有了可以著力的基礎之後，隨即著手進行實驗。起初他只感受到一絲絲微妙且隱約的情感，但他越是冒險就越能意識到一個全新的經驗世界。在不採取隔離舉動的狀況下，馬克允許情感找上門。辛希雅在我們最後一次諮商時指出，「我一直都愛馬克，但如今我終於可以探察原因，現在我能夠看清他是一個完整的人。」

管理憤怒情緒

任何始於惱怒的事情都將以恥辱告終。——班傑明．富蘭克林

隔離還有最後一種形式：以怒火來為自己的生活形成保護層。只要我們不去惹慣於發怒咆哮的人生氣，他們其實可以非常和藹可親，而一旦惹惱他們，千萬要當心，他們會怒吼、叫囂、咒罵，甚至嚴厲斥責你。由於動怒乃至暴跳如雷顯然是情緒失控狀態，我們很難看出這其實是試圖藉由隔離來取得控制，道理很直截了當：只要你威脅到我，我會對你產生敵意，然後我就能威嚇你並把你推開。我把你推開越遠，就越感到安全。

我要在此發布一個尋常的免責聲明：我談論的是受不安全感驅使的敵意，而不是由客觀條件驅動的敵意。如果你在槌頭砸到自己手指時發怒（客觀條件使然），這並非不恰當或不正常

的反應，當有人蓄意要傷害你時，讓對方知道你的感受，絕非無益的事，在適當情況下，憤怒是激發能量和信心的一種方式。但是，當你的怒氣未能適可而止時，你已受制於自己的不安全感。比如說，因為妻子提起你未獲晉升的事就當眾羞辱她：「我的確沒能升職，但看看誰在說話！你唯一的升遷是出於老闆對你有好感！」哎呀！

在上述例子中，顯見那位丈夫的話充滿敵意，這肯定會比保持緘默造成更多的混亂。咆哮者的一貫行為模式是反射式的攻擊和疏離，至少在那一刻，拒人於千里之外能讓他感到安全，這是展現一種「誰需要他們？」的態度，當你習於這種作法之後，它可能成為最具破壞力和危害性的一種控制策略。

有人會因為被超車而抓狂怒吼，也有人會因為沒耐心排隊而在超市小題大作、對收銀員發脾氣，卻又於事後對自己的行為感到尷尬。假如敵意或憤怒已經在你的生活中根深柢固，那麼你務必要明白，在情緒失控、使自己毫無防備地陷入困境之前的關鍵時刻，你確實有得選擇。發怒就像所有由不安全感觸發的習性一樣，只要你提供養分，它就會不斷滋長。若想要消弭敵意，你只有一個小小的機會窗口可讓有效的自我對話派上用場，倘若錯過那個機會導致怒氣一發不可收拾，你將會後悔莫及，憤怒將支配你並任意擺布你。

這帶我們面臨一個非常重要的課題，氣憤、敵意、焦慮、憂鬱或恐慌使然的反射式思維，都會對生活造成日積月累的影響。雖然大多數問題都是從「種子」一般的想法萌發，但有時我們極難察覺這類思維，尤其是萌生敵意等問題似乎會使人瞬間從光明轉向黑暗。如果這是你的情況，你應了解試圖控制生活會累積種種摩擦，從而使你的內心變得脆弱，甚至容易情緒崩潰。

倘若你發現自己很難掌握那些導致任何形式崩潰的「種子」想法，你可以運用自我對話，更積極地處理日常的爭執，努力在不安全感耗損掉你自然的心理韌性之前，讓可能導致情緒失控的思維無以為繼。因為心理韌性一旦消磨殆盡，你的情緒往往會處於一觸即發的狀態。

正念

倘若你注意到自己越來越容易失去耐心，假如氣憤、盛怒、敵意或暴力在你的生活中一發不可收拾，如果你已迷戀上躲在保護殼裡的生活，那麼培養正念心態的時機已經成熟。正念是對自身各種動作和情緒持續的定向覺察，正念讓你成為自己生活的行動中心，而不是宛如旁觀者一般被動地看著生活如何展開。隨著不斷學習和理解內心掙扎（控制欲、習慣、不安全感）的真實本質，你將能更專注地關切生活中正在發生的事情。你的生活不再是純粹的本能反應，你可以分辨有益與有害、事實與假想，而這些都是運用自我對話五步驟來創造自己理想生活的先決條件。

許多向我求助者對憤怒看似「自發的」或「瞬間的」性質感到困惑。的確，我們可能會覺得自己遭受氣憤、恐懼或自我防衛的需求打得措手不及，但此刻我們明白不能總是相信感覺，而在感受是由不安全感驅動時尤其如此。當我們適應了秉持正念來參與改變過程，往往能逐漸辨識出特定的會激發怒氣的想法。當情緒逐漸沸騰時，事情確實會迅速發生，但不至於快到讓人沒有選擇的餘地，我們始終有得選擇，我們必須學會如何洞悉真相。

當你扣動槍械的扳機，彈匣裡的子彈會被擊發。同樣地，會觸動怒意的想法可能引起爭鬥、逃避或不知所措的本能反應。鑒於情緒可以迅速升溫（一旦陷入情緒中，事態幾乎無法逆轉），重要的是明白機會窗口難能可貴——你必須明快地採取行動。許多形式的控制是由衝動的反應（特別是憤怒和敵意）為其提供養分，我們必須拒絕盲目順從它們！透過培養正念的心態，你可以著手取回自己的生活，每一項挑戰——無論是請求遭到拒絕、與丈夫意見分歧、在路上被人超車，或者是隱隱約約地對危險或威脅感到恐懼——都是拒絕不安全感、堅持**我有選擇**的機會！你所有的努力都會有累積效應，縱使是小規模的奮鬥也不會微不足道，每一次奮鬥都有助於強筋健骨。氣憤、盛怒和所有類型的殼居生活都屬於習慣，與任何其他積習並無二致，那麼你還在等什麼？停止供養它們吧！

”氣憤和盛怒都是習慣，如果你放任它們，那麼它們將會支配你。“

08

不幸的完美之道

當你的業餘喜好妨礙到自己的工作，這無傷大雅；但是，當你的業餘喜好妨礙到業餘喜好本身……嗯……

——史蒂夫．馬丁（Steve Martin，美國喜劇演員）

在我十一歲那年，父母送給我一組三桅帆船模型做為生日禮物。那不是普通的模型，我曾接連數個月在雜貨店外流連，盼著爸媽在重要的日子到臨前還能買到它！到了生日當天，我迫不及待地拆開禮物，掀起盒蓋，凝視著裡面的寶藏，我感到欣喜若狂。那是我見過最無與倫比的美物，巨大的模型船從船首斜桅到船尾超過三英尺長，每一個零組件的細節都精確無比，甚至甲板上的仿木紋也清晰可見，船帆的索具更有可以實際操作的活動滑輪，船上甚至還有一個戴頭巾、穿短褲的船員，真是讓人歎為觀止。我開始廢寢忘食，認真地組建模型船，母親最後警告我：「如果你不放下它去睡覺，我再也不會買模型送給你。」什麼？放下它、停下來？我無法停手，就像我無法停止呼吸一樣，她不理解也無法領會。其實我也不能完全了解那天驅策我馬不停蹄的力量和衝動是什麼，我不認為自己有所選擇，就是覺得務必要完成組裝。起初的亢奮感後來逐漸轉變成越來越沉重的壓力，我感覺自己著魔了。

在狂熱地建構模型的過程中，我依稀記得讀到一則警示：「某些部分必須等黏膠徹底乾燥後再接著組裝。」倘若等到上膠處乾掉再繼續，我將永遠無法完成組裝！我不得不冒險忽略掉這個警語，畢竟，我才剛開始有了進展。我務必得在媽媽回來厲聲責罵之前完成它。

然後慘劇發生了。艱辛地承受著索具重量而且上膠處未乾的主桅開始傾斜，然後整個墜落，我迅速手忙腳亂地塗上更多黏膠，然後再塗更多，我必須要阻止這場災難，然而，黏膠起不了作用。我內心的不安迅速轉變為恐慌，於是努力用線把主桅綁在任何可做為錨點的東西上，但這也不管用，接著我從書架上拿了兩本百科全書夾住主桅，結果奏效，我成功挽救了模型船，我的呼吸恢復正常，終於感到安心。

即使那時十一歲，我依然意識到自己太離譜了，我把一切逼到極限，差點得到報應，我對自己能逃過一劫心懷感激。我以為沒事了，然而就在那時，悲劇在眼前發生。我匆忙中不小心把膠水滴到美麗的仿木紋甲板上！儘管我迅速用手指抹掉黏膠，但還是弄髒了甲板。我拚命地嘗試去污，卻只造成更嚴重的污漬，我又用上濕布、酒精、指甲油卸除劑，結果反而雪上加霜，那滴黏膠變得奇形怪狀，徹底毀了我精美的模型船。

我呆坐了一段時間，面無表情，然後漸漸陷入絕望。模型船被毀的現實開始緩慢地進入我的意識，我想要呼天搶地，我必須讓情緒宣洩出來，我感受到難以承擔的焦慮。我恨那個模型！

我想把它扔到牆上，我要損壞它，因為它傷了我的心。當媽媽進房說「看吧，我告訴過你，必須等到早上！」時已經無濟於事。我當然明白她說得對，但我失去了理智，覺得自己別無選擇，此事讓我傷心欲絕。

第二天，媽媽問起模型的事，她想知道為什麼我不打算完成組裝。我記得自己茫然地盯著她說，「完成它？別開玩笑了！它已經毀了！」她無法理解，對我來說，那艘模型船已經回天乏術，膠水造成的污漬宛如一把穿心利刃，模型船不再是讓我心醉神迷的寶物，它成了扭曲變形的一堆破爛。最終，我把它丟棄了，這讓母親難以置信，但這是我唯一能做的事。

我，是一個完美主義者嗎？

造成人生跌跌撞撞的原因不可勝數，其中最引人誤入歧途的莫過於追求十全十美。也許你從來不認為自己是個頑固的完美主義者，如果是這樣，你可能會驚訝地發現，講求盡善盡美的不是只有完美主義者，或視優秀為安全與幸福康莊大道的人，追求完美的習慣會藉由強制、迷戀、僵化等變化多端的細緻手法，滲透我們每一個人的生活。被不安全感支配，苛求完美生活的方式包括，害怕說錯話、無法拒絕他人、對襯衫上的污漬耿耿於懷、執著於體重、過度運動、渴求排除所有缺陷以免遭人議論。

儘管完美主義對你施加方方面面的要求，但你可能未曾質疑過各項崇高的目標，畢竟長官、良師益友們都會為你的努力與成就拍手叫好，對吧？你鮮少因為企求完美而招致麻煩或遭受抨擊，所以這有什麼錯？只要那是可以達成、易於處理而且不會毀掉生活的事就沒有問題。但是你應該自行檢測完美主義傾向，而且可能會對結果感到不可思議。

自行檢測完美主義傾向

請仔細閱讀以下問題，但不要過度思考你的答案，根據你生活的普遍情況來圈選是或否，即使你不完全確定，也要回答每一個問題。測驗結束後計分。

是　否　我太注重外表。

是　否　我過於挑剔。

是　否　我的想法傾向於非黑即白。

是　否　我很不擅長處理身體病痛。

是　否　我覺得自己有強迫症。

是　否　我較易有衝勁而不易放鬆。

是　否　我總是覺得自己「應當」或「必須」做一些事情。

是　否　我往往覺得人生沒得選擇。

是　否　我時常感到緊張或焦慮。

是　否　我不能隨機應變。

是　否　當事情出錯時我會很沮喪。

是　否　每回照鏡子時，我總會找出自己的缺陷。

是　否　我太胖（或是過瘦）。

是　否　我總是憂心忡忡。

是　否　目標遠比達成目標的過程重要。

是　否　在準備事情時，我往往會小題大作。

是　否　我無法對不恰當的事置之不理。

是　否　對於務必要做好的工作，我會親力親為。

是　否　我鮮少措手不及。

是　否　人們說我過於講究整潔（或過度狂熱，或過於執著）。

是　否　人們認為我太固執。

是　否　如果事情做不到盡善盡美就別做。

是　否　不論做什麼事，沒有完成絕不罷手。

是　否　我經常把事情做到極致。

倘若你圈選了1到8個是，這表示你有輕度的、正常的完美主義傾向，本書可以幫你擴展而非修復個性。假如你的答案有9到17個是，顯示你有中等程度的完美主義傾向，強迫性質的需求可能正在破壞你過上有效、成功生活的能力，本書可以顯著地改變你對世界的觀點和體驗，而不致危及你的成功。

如果你圈選了18個或更多的是，那麼你的自尊及自信可能已被完美主義的種種要求侵蝕。你理應重塑思維與知覺，以建立更適足的自我信任，你可以期待各項收穫將對自己的生活跟整體幸福產生正向的重大影響。

減少努力，多去感受

回到本章開頭提到的我小時候組裝模型的經驗。我現在明白，那不僅僅是關於組構一個模型，而是一場打造完美模型的聖戰，其實我從未決定（至少不是有意識地決定）務必要力求盡善盡美，那只是我當時反射式地應對生活的方式。追求完美屬於一種著魔狀態，不是受到詛咒或魔鬼使然，而是被力求十全十美的反射式思維宰制。那天我著了魔，而這可以分成兩方面來看：打造出完美的模型，以及立刻完成它！但是，我到底在急什麼呢？

要回答這個問題，理當先說明我生活中的一些額外小事。在十一歲時，我就已經快要變成一個控制狂，不安全感早已把疑慮跟恐懼的根源深植於我的心靈，而我下意識的反應，是操作各種「應當」及「必須」的控制策略。身為獨生子，我敏感地察覺母親需要我成為她的「完美小男孩」，我不會深入透露個人生命史，但我想說的是，如果我做了任何讓母親痛心的事，可能會危害她的生命。在了解此事的意義之前，我就被告知，「你的母親患有風濕性心臟病，不要讓她傷心。」這在我年輕的心靈裡播下不安全感的種子，我覺得自己有責任幫母親活下去！這個任務似乎很直截了當：我不能讓母親失望，我必須達到完美無瑕。

再回來談我的模型船。很顯然，我對完美與管控的需求已超越了取悅及保護母親（倘若你還記得，我放任自己完成組裝的渴望反而讓母親心煩）。保護母親活下去的使命，在我十一歲時演變成一種強制的生活方式，更成為我的習慣。我不再**試圖**力求完美，我成為生活過度內耗的犧牲者——我**必須**完美，別無選擇。那天的經驗足以恰當地顯示我成了什麼樣的人，我想像某個人可能對我說，「哇，你的模型真棒……等一下，那個可怕的污漬是怎麼回事？」這不是我能夠應付得來的狀況，我跟我的模型船必須無懈可擊，為什麼？因為反射式思維要求我取得控制，為了免受批評，我理當力求盡善盡美。

安全感的錯覺

海倫・凱勒（Helen Keller）曾說，「安全感主要是一種迷信，它並不存在於自然界。」我想要打造完美的模型實際上是尋求造就一種迷信——它是一種神話，也是一種假想：倘若我能夠組構完美的模型，它將給予我安全感。而安全感與控制都只是錯覺，你永遠無法弄清楚如何擁有安全感，同樣也難以在感受到安全之後支配它，否則豈不是會有一種公式能教你如何排除生活中的恐懼、心理痛楚與苦難，甚至於死亡。安全感實際上只是一個相對的詞。

誠如先前的章節所說，沒有人是在完美無缺的世界中成長，而且沒有人擁有完美的父母，所以關鍵不在於有無安全感，而是你感受到的安全程度。在人生當前的階段，我是相對來說具有安全感的人，倘若我省略掉「相對來說」這個修飾詞，便不是一個誠實的人。假如我說自己全然感到安全而且對此深信不疑，那麼我就是宣稱自己擁有完美的生活，幸好我已不再追逐這種海市蜃樓。我已領悟到，我們不須控制生活，不必力求盡善盡美，也不用具有安全感，**使我們感到安全的是信任而不是控制**。

我追逐完美的生活方式是如何發生轉變？這是一個漫長的演進過程，而我的心理學專業對此頗有助益，就好比電腦技師會升級他的家用電腦，心理學家也會做相同道理的事情，自我對話就是我的「升級方法」。我已坦然接受生命中偶爾會有一些「污跡」，這是可以容忍的情況，我從中學到許多事。在這樣的脈絡中，那些污跡是我逐漸成熟的過程裡不容忽視的部分，當我審視自己的生活時，不再只看到自己犯過的錯誤，如今我能夠放眼審視更大的人生格局。

”心理成熟度可定義為，從反射式思維進展到勇於面對的生活方式。“

宣稱世上有完美無瑕的人純粹是胡言亂語，同樣荒謬的是堅持我們沒得選擇、只能企求完美的想法：「我不像其他人那樣享有奢華的生活，我必須是最好的。」倘若你認為自己與其他人不同而且沒有選擇餘地，那麼你被欺騙了，人生沒得選擇並非事實，你確實有所選擇，你只是屈服於壓力，向支持那種感覺的反射式思維俯首稱臣，你僅是被不安全感套上韁繩拉著走。

❞ **完美主義並不是關於十全十美，而是不想感受到不安全。** ❝

明星人物：必須綻放光芒的人們

認為自己沒得選擇的想法有時會偽裝成狂妄自大的樣子：「你不能期望我以這樣的面目示人，絕對不行，我必須保護自己的形象！」當你出於追求完美的習慣而認同自己理應扮演「明星」的角色，你可能不想讓你的支持者失望。

❞ **完美主義是真正的幸福與平靜之敵。** ❝

所有人的生活都難免有瑕疵、缺陷、疙瘩、污點與失誤，而對明星人物來說，這些不僅是惱人或令人受挫的事，更是可能導致生活陷入混亂的催化劑。明星們可能會說，他們自知這荒唐可笑，但就是無法不因臉上長痘痘而取消約會，或出於老闆忘了稱讚其專案「非常出色」而感到沮喪。那麼你呢？你是否認為一絲一毫的瑕疵就會使自己的形象變差、自我價值遭到貶損？你是否必須成為眾所矚目的焦點、人生舞台的主角，或是眾所周知的師長寵兒？

”人生首要真相：沒有人十全十美，也沒有人過著毫無缺陷的生活。“

有位朋友曾經告訴我，在中國明朝，匠師會刻意在精美的陶器底部留下細微的缺陷，以擺脫對完美的執著。雖然對這說法我難斷真偽，但我想，他們真是有智慧的人，他們領悟到至善至美是創作之敵。如果你一心一意避免搞砸，必然會減損創作活力、平靜和生產力。

成敗之間的實質差異

身為心理學家，我盡力了解自己行為的成因，而且不會毫無道理。我明白自己會犯錯，不可能永遠都能一語中的，這些年我轉換過看待事情的方式，不再追求完美，而且不認為這是自己有缺陷所致。**只要我的意圖與努力出自真心誠意，那麼未能臻於完美便不是失敗，而是理當從中學習的挑戰與機會**。我不再認為自己必須拔得頭籌，雖然出類拔萃是令人愉快的事情，明白自己已經盡心盡力而且做了正確的事，就能讓我感到心滿意足。

對我來說，全然放棄努力才是失敗。舉例來說，倘若我試圖弄清楚為何錄影機沒錄到電視節目內容卻怎麼都想不通，我不會將此視為失敗，說不定我隔天就會搞清楚，要先設定好時間，才能使用預錄功能。這樣我起初未能成功便不能算是失敗，那只是成功的前奏。人生中，成功是取決於自己的決心，而不是沿途遇到的坡度或各式障礙。

"我並未失敗。我只是發現了一萬種行不通的方式。——愛迪生"

我領悟到，在進化、成長與成熟的過程中，我需要一切正向及負面的經驗，發現這個真相使我得以自由。就像錄影機的例子，在經歷一段徒勞無功的時期之後，靈感有時會突然湧進腦海，也就是那種自古皆然的「靈光乍現」的時刻。發明縫紉機的伊萊亞斯．豪（Elias Howe），在茅塞頓開之前曾經長達數個月百思不解。根據報導，他回憶說自己做了一個夢，看見一群非洲部落原住民站在面前，每個人手持矛頭鏤空的奇怪長矛，而且矛頭全都指向地面，然後他們開始有節奏地不斷舉高和放低長矛。他睡醒後湧現一個絕妙主意，想通了可以把針眼置於針尖處，並讓縫線猛然插入布料中。

在產生這個妙見之前，他大可在歷經數個月的挫折後無奈地承認敗北，然而，他並未失敗，只是尚未成功。我不清楚你的看法，但我在很久以前就已領會，**尚未成功遠比獲致成功更具啟發性**，它會使你更加專心致志。

所有生命都會成長和成熟，這是自然而然的過程。然而，人類的心理成長與成熟會遭受反射式思維阻礙，它不允許你取得進展，讓你陷在尋求控制的意圖中原地打轉。完美主義是最欠缺深謀遠慮的控制策略，你只能看到目標最小的核心部分，其他部分全都不會受你重視。**假如你只能看見目標的中心，將看不清整體的目標。**

偶爾出現的成功時刻，可能會讓完美主義者產生擁有安全感的錯覺：這就對了！現在我必須做的是再次正中靶心！然後再接再厲。無論尋求盡善盡美的想法多麼鼓舞人心，它只會使你終生受制於控制欲、自我厭惡及大失所望。當然，精通命中紅心之道，確實會讓你覺得無比幸福，然而一旦失手一回，一切將開始土崩瓦解。對完美主義者來說，手舞足蹈與手足無措只是一線之間的差別。

讓我們活在當下，倘若你射箭奇準無比，自然該歡欣鼓舞，假如沒能正中靶心，那就從中汲取教訓，並做出相應的調整。你只須記住，最終的成功並非取決於今天命中紅心多少次，而是取決於你從個別及所有的努力之中學到什麼。這正是「與自己對話」派上用場之處。

魔鏡、魔鏡，讓我看見完美的身材

讓我們來檢視蘭迪的案例。他是一位二十八歲研讀法律的學生，熱愛上健身房。在學校的法學課程滿檔之前，他每天有數小時的時間健身，但如今越來越難騰出空檔。他的故事顯示，開始排除下意識的完美主義思維，去探求真實自我時，一般會造成什麼樣的困惑與內心掙扎。蘭迪指出：

我純然無法忽視所有健身努力將白忙一場的感覺，直到上個月，我還保持著此生最佳的體態。我原本身材健美，如今體重已增加將近十磅，且腹肌不再線條分明……感覺糟透了，我無法忍受自己現在的模樣。我正嘗試你建議的自我對話，並覺得自己逐漸有進展，但偶爾仍會感到困惑，我有時想說：別再自欺欺人了，看看你自己，真是讓人厭惡！

我試著告訴自己，一切都有選擇的餘地，然而我一開始質疑完美主義思維，腦海裡就會閃過自己站在鏡子前看到的不堪形象，足以把我逼到崩潰邊緣，強烈的感受就像是有人揮拳重擊我的胃一樣。我只覺得無盡悲哀，無法擺脫鏡子裡的我那可憎的模樣。

幸好我沒停留在那樣的狀態。我細想，倘若這是反射式思維使然，那麼真相究竟如何？然後我看清自己感到失去控制是因為身型不再完美（其實過去也並非真的完美，而且必須要鍛鍊），如今我的身材顯然非常……不好！這就是我的理解。

現今回顧此事，我領悟到自己可以運用與自己對話的方法，藉以停止對那些不可理喻的想法搧風點火。沒錯，我過去確實曾助長自我懷疑的火勢，我現在知道那是荒謬的事情，然而問題在於，當我產生謬誤想法時，並未察覺它們莫名其妙！老實說，當擺脫不安全感時，我可以告訴自己，完美身材並不能使我感到幸福。為何承認此事竟如此困難呢？當我擁有健美的身體時，我對自己的好感確實大幅提升，而這一切造成了虛妄的假象。我想，最愚蠢的是，能否接受自己竟是取決於是否擁有完美身材。我了解到這一切都是控制欲所致，我確實明白……然而基於某種理由，我老是忘掉這個道理。這大概就是稱之為習慣的原因。

以下是我想通的事。我必須告訴自己，假如好身材真的如此要緊，那麼我將好好鍛鍊身體。而困難的部分是：我不須此時此刻做這件事！最重要的是拒絕接受完美的身體是幸福之道這種無稽之談。當我的體態在眾人之上時固然會有更好的感受，多數人都是這樣，但是對我來說，重點不是我想要更好的感受，而是我覺得自己別無選擇！如果身形不佳，我會感到自己可悲，這讓我覺得像是被放高利貸者敲竹槓——除非我付費給健身房，否則我就得不到幸福。

蘭迪開始看清更大的格局，他最終領會到，關鍵絕非變得完美，而是要有能力相信自己。領悟到完美只不過是在抵擋自我懷疑的盾牌後，蘭迪逐步發展出靈活的適應能力：「等期末考結束後，我會找出一些時間鍛鍊身體。我將冒險相信，當時機來臨時，我會恢復美好體態。我是成熟的大人，如果好身材確實能讓我有更好的感受，那麼我必須相信這會實際發生。而我首先必須鍛鍊好信任自己的能力。」 蘭迪的幸福之道與我們並無二致。不論生活受哪一種控制策略支配，我們理當鼓起勇氣挑戰它。請記得，不安全感只是一種習慣，別再力圖清除自己的種種缺陷，這樣只會餵給自我懷疑更多養分。你理當開始接受世界並不完美，而追求十全十美肯定會使你的人生十分悲慘。

飲食失調，尋求完美的控制

驅使蘭迪追求完美的反射式思維與激發飲食失調的根本機制相去不遠。蘭迪憂懼一旦開始失去掌控將無法再信任自己，他覺得自己將難以專心、體重會過重，並且終將全面失控。多數飲食失調問題代表著欠缺信任自己的能力，第一次見到十四歲的高一女生琳達時，她消瘦到令我深感震驚。琳達很不安，一心只想取得更多支配。她在首度諮商時表示：

我難以進食。我努力了，但就是沒辦法，從昨天到今天，我只喝了一杯果汁，這算是好的。當我能夠做到節食時感覺很棒，我感到能夠照料自己，也覺得自己做得好，能夠比我的飢餓感更加強大，感覺真的很好。我希望你可以了解，對我來說，感受自己的堅強是非常重要的事。每當我吃東西時，往往會感到內疚，我覺得自己會變得笨重與醜陋，但主要是感到自己一敗塗地，我通常會因此變得很沮喪、很焦慮。有時，當我認真去看自己吃的食物時，心中會產生駭人的想法。

我看來好嗎？不，我不這麼認為。我確實希望外表好看、身體健康且感覺堅強，然而更重要的是取得控制。我承認未來會面臨諸多問題，當我看著自己時，始終覺得身體過胖。現在我的肚子日漸凸出，於是我做仰臥起坐也努力健走，但肚子就是沒消下去，儘管別人看不出來，但我確實看到了。我想像自己能達到完美的纖瘦狀態，這很重要，我能否瘦得剛剛好？我不知道。我不想老是想著這個問題。我只曉得，我不能允許自己的體重增加。

蘭迪與琳達這兩位年輕人都沒有能力理解完美主義造成的扭曲與危害。市面上有不少關於飲食失調的書，在此我只想強調其背後的推動力。倘若沒有自我信任的話，你會尋找一種可以提供安全感假象的工具，那就是控制。由於無法全然擁有安全感，假如你仰賴計算食物熱量來判斷自己的問題，那麼你的生活注定會持續不斷地飽受折磨，永遠不會真正覺得沒問題。

琳達跟蘭迪一樣，害怕自己如果不能嚴格管控飲食，將會以某種方式背叛自己，她的唯一解決之道是追求完美，這給她能控制生活的幻覺。問題很顯然不在於體重，而在於她力圖控制生活的渴望一發不可收拾，我仍持續與琳達一起努力解決這個問題。我們近日確認了她自認難逃失敗、終將被生活羞辱的下意識思維傾向，她是依靠飲食失調來維繫信心。因此，我們的心理諮商目標直截了當：讓琳達理解管控體重只是一種表象，她真正需要的是冒險信任自己。

我們並未直接處理她的飲食失調問題，而是著手打造認知基礎，好幫她認清自己及生活的真相。我們運用與自己對話的方法來抗衡反射式思維，但主要是使她能夠分辨事實與假想，以理解問題的癥結不在於飲食，而在於她尋求取得完美的控制。

琳達想要變更瘦，蘭迪想要去除他的小腹，我在十一歲時力求打造出完美模型，直到我們領悟真相之前，我們一直覺得自己別無選擇。琳達跟蘭迪目前正日漸更清晰地認識生活，而我已學會超越缺陷，看清更大的格局。那麼，你呢？

”安全感不是一個可以達成的目標，而是一個不斷以勇氣和信任面對生活的過程。“

完美主義是「無法達到的狀態」

我從未忘記山姆和黛安夫婦首次找我進行婚姻諮商的情形。山姆當天的樣貌可說是無可挑剔，他大約五十歲，身穿昂貴西裝和有押花字母與袖扣的襯衫，領帶的溫莎結打得非常完美而且扎實，皮鞋更是光可鑑人，而且頭上假髮看來所費不貲。他顯然很注重細節，而且樂意為此投注時間。黛安則跟山姆大相逕庭，她比較不注重衣著打扮，一身便裝且顯得輕鬆自在，也不特別在意被風吹亂的髮型。

在山姆不知情的情況下，黛安拍攝了一些他們夫妻臥房的照片，用意是讓我一睹山姆居家生活凌亂不堪的實情，以了解她的丈夫的「真實個性」，她是在山姆開始變得心神不寧時，才從手提包裡拿出那些照片。山姆不但不讓黛安這麼做，而且似乎打算採取一切必要的措施阻止她，他真的會做任何事！他當時滿臉通紅、雙眼怒瞪，更起身站到我與黛安之間，要求黛安把照片交給他。最後，他拿到照片並且宣稱：「假如事先知道你想藉這次會面污衊我，我絕不會同意來這裡。我會在車上等你。」就這樣，山姆離開了諮商室，我未能跟他說上一句話。

完美主義有兩種類型。第一種可在山姆身上看到，那就是維繫完美的對外形象或人設的需求；第二種可由我早年組裝模型的經驗來闡明，屬於內在對於控制的需求或迫切感。所以，不管完美主義的驅動力是來自鄰居對你的草坪中雜草蔓生的看法，或是源於你難以解釋的讓衣櫃裡的襪子像士兵那樣整齊劃一的衝動，結果都是一樣的：受到束縛的生活。無論動機是外在和社會性的，或是內在的，追求完美的人有時會覺得，自己彷彿活在水深火熱的地獄裡。

但丁在長詩傑作《神曲》中描繪了地獄之門的邊緣，那裡有完美主義者的靈魂永無止境地追逐著各自的信仰，並且飽受虎頭蜂及大黃蜂群連續不斷的螫刺折磨。這些沒有希望的靈魂被困在「無法達到的狀態」——渴求著永難實現的理想。

追求完美人生，你將被困在「無法達到的狀態」，不斷折磨你的不是虎頭蜂與大黃蜂群，而是諸多「必須」及「應當」做的事。若是你認為自己可以達到完美，而且能夠維持住，那麼你仍陷困於虛假的情境中。而且你的想法大錯特錯，你必須認清自己試圖達到的完美狀態宛如空中樓閣，並不值得你戮力以赴。十全十美不如你想像的那般令人嚮往，它只是一種受到誤導的、意欲克服不安全感的企圖。既然你已經明白，那就不能再找藉口了，從現在開始，至關重要的是與自己對話，以及改革習慣。

09
別再欺騙

慣於說謊的人應該擁有出色的記憶力。——馬庫斯．法比尤斯．昆提良（Marcus Fabius Quintilian，羅馬帝國時期的雄辯家）

當我還是個小孩時，一切事情似乎都十分明朗。我總是照著他人的指示行事，絕不會回嘴頂撞，而且週日必定上教堂。假如有任何疑問的話，我只須翻閱藍色的巴爾的摩天主教教理，就能獲得所需的方向與指引。在天主教會的道德教誨裡，最引人入勝的觀念莫過於罪有程度之分，記憶所及，罪惡有兩種，一種是輕罪，另一種是彌天大罪。犯下輕罪者，死後會在煉獄受懲罰、洗滌罪狀，而犯下彌天大罪者則全然不同，會被送到冥河彼岸，永遠無法得到救贖。

在天主教信仰下，成長意味著，我們不僅要能夠分辨善惡，也要明白程度上的差異！當我於人格形成時期摸索方向時，這無疑是一種明確的優勢，而且至今依然管用。不過，我無意探討罪惡的課題，而是要運用「程度有別」

這個觀念來闡釋另一種控制形式，也就是我們常說的謊言欺騙。謊騙就像罪惡一樣有程度上的區別，理解其輕重程度，有助你擺脫不安全感，勇敢面對真實自我，從而對生活產生重大影響。我們要的是真相，全盤的真相，而且只要真相。

救贖你的靈魂

我記得六〇年代的抗爭運動有句標語訴求：不惜一切代價的和平，即使宣戰也在所不惜。對於許多人來說，重要的是達成目標，至於用什麼方法則無關緊要。那些以欺騙為支配手段的人樂意出賣靈魂來取得控制權，一旦他們得償所願，他們的不安全感生活將變成一場虛偽的演出，他們將成為非出於惡意而是受不安全感驅使的冒充者、騙子、江湖術士，他們認為必須不惜一切代價取得控制——即使自我貶低也絕不吝惜。

欺騙就像所有的控制策略一樣存有各種不同的形式，有的人可能接二連三地說著善意的謊言，或是編造各種藉口，或是裝模作樣，甚或欺瞞乃至於操縱他人。若是你對此習以為常，那麼本章內容有助於你救贖自己的靈魂。

由於欺騙做為一種控制策略可能會有各式不同的樣態，請運用以下的自我檢測方式來判斷，它是否已成為你的控制手段重要的一環。

自行檢測欺騙傾向

請仔細閱讀以下問題，但不要過度思考你的答案，根據你生活的普遍情況來圈選是或否，即使你不完全確定，也要回答每一個問題。測驗結束後計分。

是　否　我不讓他人影響我。
是　否　我大致相當有說服力。
是　否　我通常把他人視為對手。
是　否　我總是能為自己的各項行動找到正當的理由。
是　否　我很難承認自己做錯任何事情。
是　否　在遭受威脅時，我會變得深有城府且工於心計。
是　否　在與人爭執時，我不可能讓步。
是　否　思考的價值勝過感覺。
是　否　倘若遭人抨擊，我通常能夠扭轉形勢。
是　否　我永遠不會感到安全。
是　否　只要能夠安然脫身，要我說謊也沒問題。
是　否　假如我輕易地隨著客觀環境而改變，那麼我將難以認清真實的自我。

是　否　我傾向於當聽話的人。

是　否　我往往覺得很難與他人交心。

是　否　我時常覺得自己是舞台上的演員。

是　否　為了贏得爭論，我會捏造事實。

是　否　我不是非常自動自發的人。

圈選0到4個是，顯示你有輕度的、尋常的欺瞞傾向，本章內容可以幫助你擴展而非修復人格。回答5到9個是，意味著你有中度的欺騙傾向，而且這可能正在破壞你過上有意義且成功的生活的能力，本章有助於你顯著地改變對於世界的知覺和體驗。

勾選10個以上的是，表示你真實的自我知覺已經遭到操縱人與事的習慣侵蝕。你的首要挑戰是重新建構自己的思維與知覺，然後學會冒險信任真相，你的努力成果將對自己的生活與整體幸福產生重大的正面影響。

白色、灰色和黑色謊言

簡單說，撒謊是蓄意用假想來替換事實。你會發現，並非所有謊言均會成為問題，事實上，有些謊言甚至可以被視為是有益的。我們必須關切的是受不安全感驅策的欺騙行為，它對於精神平衡可能造成毀滅性的影響。本章接下來的內容將聚焦於三種主要的謊言類型。

白色謊言：討好者

謊言有多種形式，最常見的或許是白色謊言，而它往往是社會的潤滑劑：「你覺得我的髮型好看嗎？」你的同事問道。「很好看，真的很適合你。」你禮貌周到地回答。倘若要據實以答，你可能會說，「可憐啊！你的髮型看來和科學怪人的新娘沒兩樣。」而不論是運用外交手腕、善體人意、落落大方，或是訴諸白色謊言，全都是選擇過濾掉真實的感覺，以免傷害他人，引發不必要的衝突，這不必然是壞事。事實上，假如每個人都說實話，而且只說實話，我光是想像世界會變成什麼樣，就感到不寒而慄。

用白色謊言把社會對抗降至最低程度，是常見而且無害的事情。然而，它也可能成為具有破壞力的、長期尋求控制的習慣的一部分，當你欠缺適切的自信或自尊時，這種情況就有可能發生，而你終究無法說出真相。癥結在於說出真相如同多數情感表達一樣，會暴露你的真實自我，

謊言連續體

白色謊言 ← → 黑色謊言

白色謊言 討好者	灰色謊言 耍賴者	黑色謊言 詐欺者

使你感受到內心的脆弱，對於思維遭到不安全感扭曲的人來說，這是難以忍受的情況。當說謊成為一種習以為常的控制手段時，你會試圖用假想來替代事實，以應對具有挑戰性的處境，表面上，這意味著保護自己免於受人詳細檢討——當你認為有人仔細地審視且將發現你空洞的真面目時尤其是如此。

當白色謊言是受不安全感驅策時，用意就不是真的要幫助人或避免傷害人，而是意圖操控他人：倘若我說你想聽的話，使你免於懊惱或氣憤，那麼我就能控制你。具體而言，說這種最盛行的白色謊言顯示出此人沒有說不的能力，我把這類人稱為討好者，他們覺得自己別無選擇。由於他們必須控制形勢，所以得要取悅別人。然而，你在清晨四點載人前往機場，使對方開懷並認為你很貼心，卻犧牲了自己的睡眠時間，究竟是誰受人控制？

為了討好別人，你說了善意的謊言，這有什麼大不了？真的值得耿耿於懷嗎？或許你會感到驚訝，然而這種討好別人的習慣其實極具破壞力，足以毀掉你的生活品質。三十四歲物理治療師卡爾的故事將使你明白根本無法靠謊言維持生活，敏感的卡爾自認務必要討好別人：

我猜自己最大的難題是無法拒絕別人。這在過去顯然不成問題，至少直到前陣子確實是如此，我總是受人歡迎、積極樂觀，而且廣結善緣。然而，在過去一年期間，我生活上的挫折感與日俱增！當好友彼得於去年夏季邀請我與他一起搭郵輪旅遊時，我猜想災難來臨了。他反覆地講述道聽塗說的單身漢乘船旅遊故事，並且宣稱那將是難忘的體驗。

彼得是個出色的人，他的提議聽來也不差。問題在於，我們的個性南轅北轍，而他從來都不知道，因為當我們在一起時，我傾向於刻意表現得像他一樣。我比平常喝更多酒，變得更憤世嫉俗，甚至故意顯得粗魯及妄自尊大——這完全不是我的個性。我猜自己會這麼做是因為……倘若不這麼做，彼得會對我失望。我推測這就是原因，但也無法真正確定。無論如何，我完全不想和他搭郵輪旅遊，我沒時間、沒興趣，也沒錢。我致電對他說，「我不確定自己想做這件事……」彼得不理會我說的話，他告訴我，「別傻了，這是很棒的事！相信我，你必須試試。」在意識到之前，我已承受了壓力，這時比較容易做到的是答應他。表面上看來這相對輕而易舉，然而我的內心感覺自己被困住了，我到底在做什麼？

我掛掉電話後怒火中燒，我滿臉通紅，怒不可遏，我想再打電話推翻已發生的一切。我告訴自己應當冷靜，然後隔天早上再致電彼得，向他提出一大串負擔不起郵輪之旅的理由。他一項接一項反駁我，而我逐項讓步。我敗下陣來，掛掉電話，我已別無選擇，只好著手打包行李。

我記得在郵輪上的第一晚心想或許我錯了，理當給自己體驗的機會。彼得與我都精心準備船上夜店的首場舞會。然而，當晚走進擁擠的舞會會場時，我覺得自己宛如做了一場惡夢，全場約有三十名男性，女性僅有三人。這就是廣告大肆吹捧的單身男女盛會。在那一刻，我已看到不祥之兆。接下來六天，我只是跟彼得待在一起不停地喝酒。到了第四天，我恨不得把彼得仍進海裡。當天晚間，海上風起浪湧，隨後的幾天我始終感到極度不適，服用緩解暈船的達姆明錠後，我安靜地待在船艙裡，感到十分無趣，並且自責不已。

這已經是半年前的事了。我唯一感到欣慰的是，這趟旅行使我茅塞頓開，我開始意識到自己總是在做違反自身意願的事！近來發生的一些事情更使我切切實實感到憂心，這其實正是我決定尋求心理諮商的原因。和我共事的物理治療師海倫向來咄咄逼人，是的，十分盛氣凌人。她與彼得相去不遠，凡事只求隨心所欲。我不怕她，但容許她對我頤指氣使，她總是告訴我要做什麼、該怎麼做，雖然我心裡想要駁斥，卻總是對她點頭微笑。說來有些尷尬，我一直對某些患者說她的壞話，我知道這樣做不對，但我就是想要報復。

無論如何，大約一個月前，我開始對上班心存恐懼，早上睡醒後會覺得頭暈目眩，緊張和焦慮日趨嚴重，在開車前往工作地點的路上尤其如此。近來我時常請病假，我真的覺得自己無法繼續去工作。週末我的狀況良好，但週間出門上班變成了辦不到的事。我努力理性地看待這件事，卻始終想不通其中道理。天啊，海倫只是一位嬌小的老太太！她怎能搞得我心神不寧？這根本說不通。

卡爾不需太多的訓練方法來說服他，凡事應適可而止，他對自己、生活及內心的痛苦感到厭倦。我向他指出，他的討好行為實是企圖透過欺騙來取得控制，原因出在不安全感告訴他，真相存有太多風險。我問他，如果違抗彼得、拒絕參加郵輪旅遊，他認為會發生什麼事。他回答說：「彼得不會理解。他會覺得自己受夠了，然後讓我受罪。」我問道，「他受夠了又怎樣？假如他讓你受苦又如何？」卡爾皺著眉頭回答說，「我不知道，我就是不能讓那種事情發生。」

瞧！沒有理性的事由，只有反射式的思維。卡爾必須要理解他慣於盲目地假設自己無法應付衝突或對抗。

卡爾的這項習慣源自童年時期。身為一個晚熟的人，他經常感到自己有所不足並時常遭同學威嚇：「我始終記得自己是一個討好者。我每天都會帶額外的糖果到學校，我會在課堂上製造麻煩，只是為了給男同學們留下深刻的印象，我學他們的穿著，吃他們愛吃的東西。我不計代價，想要獲得他們的認可。」我向他指出：「領會這些習慣是如何形成或從哪裡開始，總是很有啟發性，但此時你已不再是一個試圖給同學留下印象的小男孩。你已是成年人，卻仍然表現得像一個沒有力量、無用的小男孩！」

「思考一下你如何回應海倫，」我建議說。「你做了什麼？你用全然不成熟的、消極抵抗的方式試圖削弱她的影響，而不是以成熟的方式勇敢地面對她。這是原始的、孩子般的反射動作，只會助長你逃避責任。由於你缺乏自信，以致從未學會如何誠實地、直接地應對他人。於是發生了什麼事情？你那沒有安全感的孩子氣習慣最終對海倫氣憤不已——不是因為她對你做了什麼，而是因為你無法勇敢地面對她。由於你不能誠實以對，於是你力圖藉由損害她的名譽來詆毀她。」

唯一阻礙卡爾成熟地過生活的是他的種種惡習，他應該要根除反射式思維並且開始努力活在當下，他必須要擺脫使他相信自己比不上他人的反射式思維，他的智識足以領會這一切，然而他在情緒上仍感到自己低人一等。我為卡爾規畫了一個自我對話的訓練計畫，他迫不及待地著手展開實驗。

在一次諮商之後，卡爾就開始行動，彷彿他內心的燈點亮了。他說，「沒錯，確實就是這樣。如今我可以看清自己所作所為，我過去的生活一直受到習慣支配！」他的進展迅速，很快就能分辨反射式思維與健康的想法，接著他明快地找尋機會，好冒險嘗試誠實面對生活。

機會迅速來臨。某天晚上彼得致電邀卡爾一起外出，然而卡爾想要在家悠閒地觀賞影片，他打斷彼得說，「謝謝，我今晚不想出門。改天再說。」不習慣被人拒絕的彼得堅持要他出門，然而卡爾鼓起勇氣回道，「不，謝謝你，彼得，再聯絡。」然後便掛掉電話。卡爾辦到了！他拒絕了彼得。你猜結果如何？世界並沒有因而終結。事實上，卡爾感到自己充滿力量，那是超棒的感受。

卡爾日漸更具自信，並且持續擊退反射式思維，不再勉強答應他人不必要的要求，這促使卡爾把反射式思維視為自己的不安全感之子。藉由想像自己像十歲小孩那樣坐立難安和做孩子氣的事，有助於他努力使自己更加成熟，更能發揮效用。隨著富價值的經驗日積月累，卡爾領悟到對生活培養誠實以對的能力並非像他所想那般遙不可及，他已不再是反射式思維的受害者，不再忿忿不平地消極抵抗，他驚喜地發現，抱持惻隱之心、真誠態度、成熟心智，直面他人，斷然說不，其實是輕而易舉的事。

「我感到難以置信，拒絕他人確確實實不是難事。我想，在完成首要也最艱辛的破冰步驟後，說實話將再輕鬆不過。」卡爾最終擺脫了自卑感。

灰色謊言：耍賴者

白色謊言可說是一種社會潤滑劑，而灰色謊言則可能是一種社會摩擦。灰色謊言屬於耍賴者的領域，耍賴者承諾會給你全世界，但你最終得到的不是世界，而是更多的空洞承諾：「我知道自己早已承諾會完成，你只須再多給我一週的時間，再多一週，我保證能完工。」耍賴者集討好者與操縱者於一身，因此他們的個性圓滑，能夠合理化一切負面的事情。耍賴者具備強大的說服力，甚至他們最終往往會相信自己的謊言。

倘若你不幸成為耍賴者的配偶，必然對其令人沮喪的謊騙能力耳熟能詳。三十六歲的家庭主婦南西便為此苦惱不已：

我的丈夫麥克逼得我借酒澆愁！我覺得自己被他愚弄了，我認為我們的起居室應當鋪上地毯，他也承諾會帶我去選購地毯。我們買地毯了嗎？沒有！而且，不管我說什麼或做什麼，他總是會找到藉口推託，他最愛講的一個理由是：「現在時機不對。」要使他讓步似乎是不可能的事。最終，我被他搞到精疲力竭。我不確定他是怎麼辦到的，或許我太輕易地放棄了，或者是他令我對自己的感覺產生懷疑，他往往能從自己不想做的任何事情脫身，這讓我很不悅。

自從我們結婚以來，麥克一再保證會帶家人去迪士尼世界度假，我一直耐心等待，如今麥克已有能力兌現承諾，未料麥克突然告訴我，去迪士尼世界度假不是一個好主意，他聽說那裡遭到恐怖攻擊威脅，因此堅信去那邊不安全。相信我，這不是原因，因為我偶然間聽到他跟兄長談論在紐澤西海濱租屋度假的事。我沒讓他知道我發現了這件事，我只是堅持自己想去迪士尼世界度假，而麥克說他會再考慮。

接下來數週，麥克向我強調，世界局勢變得越來越駭人聽聞，他的眾多同事都放棄搭飛機或出門遠遊的計畫。儘管我知道他打算做什麼，但我認為他的話也有道理，畢竟我可不能蠢到不考慮種種風險。雖然我試著不要讓步，但最終還是屈服了，他成功說服我，一旦去迪士尼世界度假，我將會提心吊膽。

可笑的是，倘若麥克出於任何理由改變了心意，想要搭機去迪士尼世界度假，我確信他還是有能力說服我，那些憂慮只是杞人憂天，我們將會上路。他就是有辦法讓我朝著他想要的方向轉彎，或許他得到了自己想要的，然而他為何一再燃起我的希望然後讓我大失所望呢？我期望自己有朝一日也能作主決定事情。

如你所見，要賴者是狡猾的操縱者，麥克或許贏得了這個夏季家人度假去處的戰役，但也可能對他的婚姻造成了危害。假如你試圖藉由撒謊、取悅或擱置承諾的方式取得支配，是時候檢視自己是否遭到不安全感操縱了！想一想：我能否更懂變通？我能否像尋常人那樣付出和接受？我能否分辨假想和事實？我會不會錯把假想當成事實？我是否覺得自己的看法勝過他人？我的觀點是否務須占上風？我是否為了維繫控制而說盡好話？

黑色謊言：詐欺者

白色謊言的反面是黑色謊言，遠非社會潤滑劑或社會摩擦，而是屬於社會傷害的領域。黑色謊言絕非不具惡意的謊言，它不但帶著惡意而且往往是蓄意為惡，詐欺是其常見的形式。詐欺者總是尋求以詭詐、哄騙來蒙蔽或操控你，他們能言善道、詭計多端、聰明伶俐，甚至手腕高超。他們會直視你的雙眼並對你說，他們唯一關切的是你的福祉，而隱藏在廉價表象之下的，是精於算計與操縱的冷血。

詐欺，尤其是細緻入微的詐欺，往往很容易被我們視而不見，問自己：「我是否為了取得優勢而操弄真相？」如果答案是肯定的，那麼你理當明快地查證實情，若你不這麼做，你的道德觀可能偏離了標準，一旦發生這樣的狀況，你將難以對自己跟生活產生美好的感受。

三十七歲的藥廠業務員瑪莉不幸被狡猾、卑劣的詐欺者瞞騙：

我上週在單身男女週末聚會上遇見史丹利，我們立刻情投意合，整個週末我們的雙眼和雙手無法離開對方。週末假期結束後，史丹利仍每天與我電話聯繫兩三次，他說自己已無法自拔，還說我是他這輩子一直在尋覓的對象。我剛結束一段維持了三年的關係，當時內心仍然脆弱，輕易就被他的甜言蜜語感動。他還送花、寄卡片和傳訊息給我，在在令我心醉神迷。

我們接著在週五晚上共進晚餐，那是個美好又浪漫的夜晚，史丹利說他是擁有強烈本能與直覺的人，知道自己對我的感覺遠非只是受到吸引，他還希望我不要因這些話而覺得受到冒犯。

他告訴我，即使聽來瘋狂，他已經愛上我！我記得聽到這些話時，內心激動不已。當然，這不可能是真的，畢竟這是我們第一次正式約會，但聽他這麼說，我仍然感到十分愉快，為何不呢？史丹利長相俊秀，有浪漫情懷，而且個性迷人，這一切都是我的前男友欠缺的，我的心融化了。

在那晚回家路上，史丹利一直談論著未來——我們的未來！你能相信嗎？他述說有朝一日我們將訂婚然後同居，他是如此熱情洋溢，讓人深信不疑，於是我邀請他到住處喝酒，這不是我尋常會做的事，但我無法放過當晚的機會，酒過三巡之後，我們享受了整夜的魚水之歡。

這已經是一個月前的事。在此之後，史丹利杳無音訊。他不回覆我的電話或訊息，我覺得自己被他利用、被他操縱了，他怎能這麼做？

對於詐欺者來說，這並非難事，為求控制情勢，他們向來抱持不受任何約束的態度，能夠忽視或操弄事實，不會把事實視為障礙。記得那個關於螞蟻和蝗蟲的童話故事嗎？故事是這麼說的：從前有一隻勤奮工作的螞蟻，牠在炎陽炙人的夏季終日忙著打造住處以及儲備冬糧。與此同時，狡猾的蝗蟲認為螞蟻愚蠢至極，逕自過著歌舞昇平的日子。當冬季來臨時，螞蟻有個溫暖的窩且衣食無虞，而蝗蟲沒有存糧也無處避寒，結果不敵天寒地凍而死去。

孩子們都能領會這則故事的道德寓意：種什麼因，得什麼果。然而，擅長詭辯的詐欺者凡事都能輕易地翻轉，黑的可以說成白的，白的可以說成黑的，他們可能會強辯為何螞蟻能獲得溫飽，卻任由不幸的蝗蟲挨餓受凍？倘若史丹利是欺騙感情的人，他自己的視角可能就會是，有什麼理由不去誘惑瑪莉呢？這一切不過是一場遊戲，他因為技術高超而贏了這局。

偶爾為了達到目的卻不顧後果說任何必要的話，是不是很可怕的事情？我會斬釘截鐵地回答是！這種品行不端的謊騙行為最終會使你的情感與道德破產，唯有不光彩的人才會做如此令人不齒的事，畢竟，當你只在乎犧牲別人能得到的東西時，還能對你有什麼期望？

自我對話強化訓練

進行以下練習，以檢視自己能否辨識內心的任何白色（討好者）、灰色（耍賴者）或黑色謊言（詐欺者）。從下列六種可能發生的事態中，圈選出一個或多個最能描述你如何因應情勢的答案（第六種假想狀況可能會有多個答案）。當我們試圖辨別各種謊騙伎倆時，將發現詐欺者同時運用多種手法的情況屢見不鮮，本練習有助於你對此發展出更深入的意識和覺察。

一、某個你不太喜歡的人邀你共進晚餐，以下答案能否描述你可能的回應方式？

A「今晚無法應邀出席，但請務必下週再試著致電跟我聯絡。」他必定精神失常了才會認為我想要跟他一起吃晚餐！

B「我當然會去。」我無法忍受他，但有何差別？吃頓飯只要幾個小時。

C「抱歉，我無法與你共進晚餐，我頭痛欲裂，非常不舒服。但是，既然你邀請我了，不知道你能否在回家路上幫我買些食物然後帶來給我？」**我沒有頭痛，也沒什麼大不了的事，至少我回家看電視時，不必煩惱要準備什麼晚餐。**

二、你已準備升職，但又擔心同事莎莉會搶先晉升。想像一下你正和老闆商談，這時你可能會說什麼？

A「莎莉是個優秀的員工，遺憾的是她對公司心懷不滿。」**我有資格發表自己的意見，即使那是不實的說法。**

B「我有否對您提起過，我將在今年完成學業？」**他絕不會發現我並未去讀書。**

C「我這個週末有空，也很樂意進辦公室，是否有任何我可以效勞的事？」**不論要付出什麼代價，我必須獲得升遷，但願老闆不會拆穿我在裝腔作勢。**

三、你遇見女兒同學的家長，希望能留給對方好印象。你會怎麼跟對方互動？

A「我嗎？我是作家。有一些出版社表明對我最新的寫作專案深感興趣。」**我確實想成為作家，吹噓一下又有何妨？**

B「倘若你或你的女兒需要搭便車去學校，只管告訴我。我可以想像你相當辛勞，如果我可以幫得上忙，不必客氣。」**我確信這能為我增加一些印象分數。**

C「假如你或你的女兒需要搭便車去學校，只管告訴我。」是喔，別以為我真的想當你的計程車司機！

四、你因為超速而被交通警察攔下，你可能會怎麼應對？

A「抱歉，警官。你把我攔下絕對是正確的作法，我尊重你應盡的職責。」笨蛋！拜託，拜託，別開罰單！

B「抱歉，警官，我的母親日前住院了，近來我實在是心煩意亂。」事實上，我是因為無法及時趕回家看心愛的電視節目而心情煩躁。

C「警官，請原諒我。如果你這次放過我，我保證不會再犯，不光是嘴上說說，我是真心誠意的。你能饒過我嗎？」我還能做什麼？如果不是會惹上麻煩，我可能賄賂他。

五、伴侶發現你感情出軌，你可能會如何應對？

A「你務必要相信我，我保證不會再次發生。」是的，我保證未來會更小心謹慎。

B「不是的，事情不像你想的那樣，我只是幫對方撐過艱難的時期。」是啊，沒錯！

C「你明白我只愛你一個人，這次對我絕對毫無意義。你知道我愛喝酒，我只是喝太多了，我保證絕不會再發生，我明晚就去參加匿名戒酒會。」嗯，或許不是明晚，但總有一天會去。也許會吧。

六、你提交報告的期限已屆，老闆打電話來問發生了什麼事，你會怎麼處理這場危機？

A「不論你想要什麼，只需要告訴我，如果有必要的話，我會整晚加班。」**他真是荒唐，但我有得選擇嗎？**

B「再給我一星期，我保證會在週一之前把報告放到你桌上。我知道自己上週曾說過同樣的話，但這次我真的會做到。」**好吧，我可能真的是認真的。**

C「我近來身體很不舒服，可能是膽囊出問題，其實我還預約了明天看門診。你可以再寬限一些時間嗎？」**這很有說服力，我希望他不會要我拿出醫師診斷證明書。**

一、答案A耍賴者；討好者	答案B討好者	答案C詐欺者
二、答案A詐欺者	答案B詐欺者	答案C討好者；耍賴者
三、答案A詐欺者	答案B討好者	答案C討好者；耍賴者
四、答案A討好者；詐欺者	答案B討好者；詐欺者	答案C討好者；耍賴者
五、答案A耍賴者；詐欺者	答案B詐欺者	答案C詐欺者；耍賴者
六、答案A討好者	答案B耍賴者	答案C詐欺者

10
相信自己

我從來不是無所事事的人，總是四處奔波，忙碌不已，而在人生的某個時點，這種自然而然的、精力充沛的傾向與不安全感產生了連結。那時我充滿活力、自動自發的生活轉變成受制於控制欲、擔憂、焦慮和挫折。在最慘的時候，我做過一連串毫無前途的工作，對於重拾學業也猶豫不決。

儘管（或者說由於）苦於焦慮與沒有安全感，我發現自己對心理學有濃厚的興趣，對我來說，學習心理學似乎是一石兩鳥的事：在心理學領域追求受人敬重的職涯，同時又有助於想清楚如何改善自己的生活感受。我不確定這兩種原因中何者是主要動機，但我猜想是後者，倘若成功和幸福的人生有祕訣的話，我想要找到它。

像多數人一樣，我曾經找錯方向，追逐著金錢、地位、主控權及其他短視近利的目標，以至於浪費掉許多寶貴的時間，徒留與日俱增的失落感跟迷惑，幸福是否只是海市蜃樓？我從長年的研習、訓練和心理諮商經驗領悟到兩件極為重要的事情：幸福與成功並非空中樓閣，而且成功及幸福確實有訣竅。嗯，確切來說，不是訣竅，而是要理解**幸福與成功的人生取決於我們信任自己的能力**，成功與幸福的奧祕就是信任自己！

自行檢測信任感

以下問題旨在幫助你了解各種不同的足以破壞信任的方式。請仔細閱讀以下問題，但不要過度思考你的答案，根據你生活的普遍情況來圈選是或否，即使你不完全確定，也要回答每一個問題。測驗結束後計分。

是　否　我始終不相信自己的各項決定。

是　否　我對冒險大致上心存畏懼。

是　否　我總是擔心別人不能接受我的意見。

是　否　我往往過於小心謹慎。

是　否　我很難相信命運。

是　否　我時常憂心自身的健康。

是　否　我不信任自己突如其來的念頭。

是　否　我通常不信任其他人。

是　否　我回應挑戰的能力不佳。
是　否　我總是必須取得掌控。
是　否　我害怕飛行（或是電梯、橋梁等等）
是　否　我往往不相信別人說的話。
是　否　我時常懷疑他人的動機。
是　否　我們永遠不會有足夠的安全感。
是　否　在伴侶關係中，我易於吃醋。
是　否　我偏重思考而較少實際行動。

這些問題意在幫助你了解生活中的不信任感。我們不鼓勵任何的不信任，如果你回答7個或更少的是，這表示你擁有合宜的生活品質。自我對話訓練能夠指引你開創更深層的覺察、自發性，以及促進你享受人生。

8到13個是，意味著你的生活品質受到不信任感嚴重制約，你可以安心地相信自我對話將為自己的整體幸福帶來深刻的影響。14個或更多的是，顯示你的生活品質遭到不安全感和不信任感嚴重損害，自我對話能讓你的生活品質徹底轉變。

> 成功的人生仰賴相信自己所建立的基礎。

何謂自我信任？簡單說，就是樂於相信自己，關鍵在於必須要理解到，願意信賴自己隱含著某種程度的風險，也就是說，你理應學會如何不畏風險信任自己。而最大的阻礙往往是不安全感與反射式思維，它們會告訴你，停止憂慮、反覆思量及操縱生活是愚蠢的行為，它們也會堅稱，一旦放棄控制權，你的生活將分崩離析。我時常見到人們因為這樣的威脅而畏縮不前，這正是你需要自我對話的原因，這套方法能夠教導你並給予你動力，好一勞永逸地擺脫不安全感，代之以樂於信賴自己。

適切的自我信任能促使你勇往直前，而不只是狹隘地專注於自我意識（你的意識流思維），受制於控制生活的種種手法。我經歷過多年的嘗試錯誤才學會信任自己，如今我已能把所學融會貫通，以擬具簡明扼要、直截了當的計畫，來幫助展讀本書的你。一旦了解下意識的習慣會導致你偏離自己想要的生活，你將能運用自我對話提供的必要工具，來屏棄自我懷疑、不安全感與控制欲，並以自我信任取而代之。

自我信任使我體驗到，傾向於焦慮的個性不必然日漸成為束縛，反而有可能催化充滿活力、熱情及興致的更自然而然的生活，你可能只是被不安全感蒙蔽而感到消沉、心生畏懼、躊躇不前。我能夠幫助你看清，只需要一些洞察力和若干自我訓練，你就有能力把負面因子轉變為正向的事情。為何遲疑呢？不安全感是後天學習的結果，你當然能夠屏棄它。

自我對話強化訓練

我建議你進行以下簡單鍛鍊來培養強大的洞察力，好遠離反射式思維的沾染。首先要**建立具備強烈自我信任感的個人形象**（真實的或想像的），此個人形象必須擁有自信、肯定自己，而且能夠毫不遲疑或毫無疑慮地處理生活中各項挑戰，我將它稱為信任人設。或者，你也可以依個人喜好，選擇任何自己熟悉或崇敬的足以代表信任與信心的人，前提是你的信任人設代表的是一個不同於你自己的角色，而非你真正的自我身分。

產生一個強勢的、有自信的信任人設可能是一件具有挑戰性的事，這取決於你自身的不安全感程度，然而請不要放棄。因為創造信任人設遠比你了解的更加重要。把這樣的心像（mental image）召喚到腦海中，意味著喚醒內在的自信潛能，如若你的內心沒有那種潛能，將無法創造出那樣的心像。

所以，從現在開始，每回你發現自己陷入懷疑跟不信任感之中，要習慣於**自問：我的信任人設會如何處理這樣的狀況？**藉由擺脫典型的反射式思維及重拾自我信任，你將獲得不受沾染且往往出人意表的回應能力。本練習的關鍵在於你的信任人設會如何處理難題，而不是你自己會怎麼做。

感覺空虛

為何自然、相信自己的生活比醉心於工作的生活更有成效？這是艾琳日前向我提出的問題。三十九歲的艾琳十分焦慮，她無法克制地日夜操勞而把自己累壞了，更長期受挫折感折磨。她的典型案例可以幫我們了解，自我信任對於翻轉生活何等重要，當你的情感極盡空虛時尤其是如此。艾琳看著朋友們事業成功、結婚成家，而自己卻連工作也保不住，內心逐漸陷入不安和恐慌。「我當初似乎應該繼續求學，如今我沒有學位，沒有工作和技能，沒有奮鬥的方向，而且頭上灰髮日漸增多！心理師，你能了解嗎？我無法讓事情自然而然地推展，歲月不饒人啊！」

艾琳長期焦慮的原因在於不信任自己，她認為一切不如己意。當事情順利時，她必然要從中挑出毛病，因為她確信凡事始終不夠完美，或懷疑自己在自欺欺人。她在大學求學的時候，高中友人已開始賺錢、開華美的車子、赴充滿異國情趣的地方度假。為了不再節節敗退，她中途輟學並開始工作，而在經歷多年的挫折仍「一事無成」之後，她發現昔日的大學同學畢業後有多人成為律師，於是在職場陷入困境而感到不安的艾琳又回到大學繼續學業。然而，不論她如何努力，始終覺得自己與成功隔著一道無法跨越的籓籬。

由於欠缺適當的自我信任，艾琳只能求助於控制生活。我們在前面的章節已經學習到，慣於控制生活與反射式思維頂多只能獲得短暫的、如夢幻泡影的安全感。更糟的是，控制生活所需的精神能量，是從自然的自我信任能力汲取而來，也就是說，你尋求越多的控制，自我信任的能力將隨之越趨薄弱。艾琳前來接受心理諮商時，她的自我信任精神能量幾乎已經耗竭，這就是她感到自己走投無路的原因。

欠缺信任是反常的

艾琳習於過度思考，總是努力想要搞清楚生活而不是過生活，她過於重視自己的每個想法和決定。「假如我犯了錯該怎麼辦？如果我改變主意會怎樣？」這類假設性問題真是糟糕！艾琳真正的意願和直覺被不安全感與不信任感蒙蔽了，於是默許自己訴諸支配手段，以致生活形同壓力鍋。反射式思維不但使她的腦海裡充滿了假設性問題，更讓她漫無止境地做出各種貶低自己的比較：「我今天看見一位婦女開著豪華的賓士汽車……她身上的毛皮大衣可能要價數千美元。我甚至連一件體面的外套都沒有，更不用說自己的車了。我開始想像她位於郊區的豪宅、丈夫、小孩……我感到無地自容。」

艾琳的生活只剩下迷惑的思緒、恐懼及悔恨。這些一以貫之、難以釋懷的負面想法與浪費生命的追求全都違反天性，她越感受到壓力就變得更不安，並且更加徬徨無助。日漸惡化的焦慮跟沮喪使她的天生優勢和志向全蒙上陰影，失去了自我信任，沒有任何本質上令人滿意的事物能夠扎根在她的心中。

艾琳最大的難題是長年不信任自己，再加上她精進自己的能力有些薄弱，而且始終感到自己有所不足，使得她從早年就自認各方面都不比上別人。由於她以這種方式處理訊息，便很難明快且前後一致地表達自己的想法，日漸遭受焦慮與恐懼折磨。以下是艾琳述說的故事：

每回開口時，我都不知道自己會說出什麼話。有時我找不到適切的話語，有時我只能感受到可怕的壓力，我努力想方設法避免搞砸事情，我想這是我陷入困境的原因。我沒有更努力學習，只是想弄清楚事情卻又讓自己感到難堪。我早年是班上的開心果，時常被校長叫到他的辦公室，同學們似乎喜愛我，但是所有事情都越來越糟，老師對我的父母說我是聰明的小孩，只是過於懶散。那時我覺得他們說我聰明只是要激勵我認真，我才不會上當，我知道那不是事實！真相是我絕不聰明，我甚至無法好好把事情想清楚！

艾琳的疑惑導致自我信任受到侵蝕，並且隨著年齡增長而日趨嚴重，這是她覺得自己永遠不夠好的原因。舉例來說，她無法單純地讓自然的意向表現出來，因為她隨即會用十五種理由轟炸自己，讓自己相信應當嘗試其他更有利的方式。這在缺乏安全感的人身上是司空見慣的事，他們像蝴蝶一樣，從生活中的各段經驗中飛舞，但願能夠找到完美答案。

”見佛殺佛。“

佛教禪宗開示說，「見佛，殺佛。」倘若你因缺乏自我信任而一再大失所望，我建議你深刻地思索一下這句禪法心要。根據佛教禪宗思想，佛代表開悟成道，而且佛法理應反求諸己、內證於心，畢竟一切眾生皆有佛性。因此，倘若你某天在路上遇見了佛，千萬要留心！既然佛在心中，你在路上所見當然不是佛（只是虛相）。殺佛意味著終止不安全感驅使的虛妄的、心外求法的作為。殺佛聽來似乎十分兇暴，然而請謹記在心，虛相正在扼殺你的生活！

艾琳與我一起做了一些實質上相當簡單的自我對話強化訓練，我要求她對幾件輕易的事情抱持信心並且放手一搏，比如說選擇自己想吃的菜，或是挑選自己想看的電影。我告訴她：「與自己的自然意向保持協調一致，將受益匪淺，若堅持必須事先把一切想清楚，最終吃到的菜可能不會更加美味，強迫自己不犯任何錯誤的習慣會扼殺自己。你的不信任感過於強烈，以致變得凡事都抱持懷疑態度，這種態度正日漸侵蝕你的生活，使你陷於困惑跟絕望的境地。」

自我對話強化訓練

就如同艾琳那樣，你必須對一些單純的事情具有信心，並開始冒險一搏。你應該了解，欠缺自信只是彰顯你長年對不安全感習以為常，多年來你允許自己被不安的想法擺布，而不信任自己天生的、自發的本能和直覺，你對於內在的力量不具信心，相信控制生活才是解方，並把自己的人生託付給反射式思維。結論是，你信任自己的能力已經衰退，並且亟需恢復自信。讓我們開始**接受一些簡單又安全的考驗來重建信心**，可以做的事情包括：挑選自己的套裝顏色、決定何時回電、選擇想看的電視節目等涉及到自己做出選擇的事。一旦你接受了挑戰，我期望你能發揮冒險精神，（請記得，這些是無足輕重的選擇，目前還不要把這項練習擴及重大的難題或挑戰。）允許你自己順應自己的本色念頭，沒必要想太多，只管去做！要養成不給自己踩剎車的習慣，看看會發生什麼事情。

剛開始時，隨心自主的生活可能會讓你感到自己不計後果！這不成問題，你值得放手一搏。你只須記得，相對於過度控制生活，那作法才會讓你覺得似乎有點不顧一切，最終你將發現隨心自主的生活能徹底讓人精神為之一振。這個練習的本質在促使你擺脫緊緊束縛你的反射式思維，代之以自然直覺的回應方式，目標不是讓你不去思考，只是要說服你，生活中有比控制自己的想法更重要的事情。一旦你重拾平衡的生活與自信，接下來應該做的事就是全面高度發展自己的個性。

真相與假想的對決

艾琳努力扭轉不斷拿自己與他人相比的習慣，當然也包含她長期的自我懷疑態度，她開始理解這些習性呈現的慣常特質，最終意識到她不信任自己的唯一原因是對相信自己的附帶風險感到害怕。影響著她的是恐懼而非真實情況，艾琳的內心深處確信自己比不上別人，又覺得理當想方設法讓人看不出自己落於人後，於是她的不安全感創造了虛構假象，亦即她是自己的沉重包袱，將永遠受自卑感詛咒。

個人的假想禁不起事實真相的長期考驗，當你有意願挑戰它時尤其是如此。（你將在下一章學習強效的自我對話技能，它能幫助你挑戰任何根深柢固、頑強抗拒的假想。）艾琳不屈不撓地精進她的自我訓練，逐步將這套方法運用於更大的決斷和應對風險。她必須挑戰的終極風險是堅定地信任自己，這項挑戰將使她領悟終極的真相，此後她的生活將一飛沖天。

艾琳發現自己始終熱愛戶外活動，她曾在多年前因追求財務成功與衣著體面的形象，而結束在國家公園管理局的工作。她未允許自己抱持管理國家公園這類單純的夢想，她還有太多的差距需要去追趕，艾琳一直意識到她這個簡單的夢想，但總是迅速地踩下剎車。據她指出，「我必須更加成功。」這是因為她的假想不放過自己，她不能讓任何人知道自己並不完美的祕密，不安全感支配著艾琳的人生方向，並且帶著她直接撞牆。

自我對話引導艾琳了解，她不再需要在這衝突的人生中當一個過客，她必須秉持適切的自信接掌方向盤，主宰自己的人生。艾琳的轉變具有多麼重大的意義？正如羅伯特・佛洛斯特（Robert Frost）的詩作〈未行之路〉（The Road Not Taken）所說，踏上乏人問津的那條路，「造就截然不同的人生。」艾琳回到大學主修森林學，而且滿懷自信、內心平靜，她也賣力工作賺取學費，但比以往更加快樂且心滿意足。我日前接獲她從黃石國家公園寄來的明信片，上頭寫道：「我不敢追求幸福，因為我覺得那可能會讓我後悔。事實證明我不會！」

”**除非破除不安全感的習慣，否則你將終生受制於它們。**“

一旦你學會破除由不安全感引起的習慣，並重建自信，憂慮、反覆思量、恐懼和猶豫不決將迅速遠離你，而且你將開始發現生活多麼輕鬆自在。

”**別再推卸責任，要為自己的成功承擔責任。**“

棒球選手的成功是反映於累計打數，而非一兩回場上表現，我們的命運也絕非取決於一兩次的歷練，我們累積的人生經驗及自己對這些體驗的詮釋，決定生命何去何從。請不要誤解，承認與信任真相，才是將人生經歷從苦苦掙扎翻轉向成功的唯一途徑，這完全取決於自己。

”**生活經驗＋不安全感＝苦苦掙扎**
生活經驗＋相信自己＝成功“

第三部

自我對話的五個步驟

本書第二部旨在建立理解與意識的基礎——教你體認自己為何為生活苦苦掙扎。此刻你已熟知不安全感、控制欲、懷疑自己、反射式思維對自己人生的負面效應，而且你已準備好藉由自我對話的五大步驟來改造自己。這五個單純又實用且基本的步驟，有助於你開創更有意義、夢寐以求的生活。

我們即將學習的五大步驟是與自我對話的強大技能。雖然我已於先前的著作介紹過自我對話方法，但本書的版本跟原始版本已經有很大不同，我在過去幾年間對初始版本做過多次重大修正，因此這套自我對話方法已成為更加進化也更強效的技能。基本上，與自己對話能學習到如何積極參與自己的思考，自我對話讓你主宰思考過程，而不是消極地受不安全感與反射式思維驅使。在獲得自我對話的力量之後，你將能開創自己真正想要的生活。

11

步驟一：分析自己的弱點

我擁有一輛有點古怪的舊式跑車，每逢雨天，當我猛然左轉時，這輛車往往就會拋錨，直行或右轉時它卻從未出問題。我和修車技師都對此束手無策，這實在沒道理。礙於沒能力買新車，我只好竭盡所能因應這種雨天困境，每回開這輛車遇到下雨時，我便不遺餘力避免左轉，若是不得不左轉時，我會龜速轉向左方（勢必會造成後方駕駛的困擾）。過了一段時期，我沒再遭遇車子拋錨的問題，我已經能夠預測與克服我車子的脾氣。

後來我還是找到一位有能力解開這個謎團的汽車技師，他發現車子左側輪組有裂縫，每回車子左轉時車輪濺起的水花會進入裂縫中，從而導致一條裸露的電線短路。我提這件事的原因是，在我們採取必要的改變措施之前，重要的是找出自身的弱點，以避免陷入困境或動彈不得。與自己對話的首要步驟，在於學習評估那些會導致你生活短路的控制習慣，要擺脫反射式思維及認識自己可以自主選擇生活方式，理應從這步開始做起。

與自己對話的第一步也具有診斷的用意，請聽我加以解說。以我的舊車為例，當修車廠技師找出問題所在，車子左轉時老是出毛病的謎題便迎刃而解。一旦你的控制習慣有準確的診斷，你將擁有必要的基礎來啟動自我對話，擺脫任何的煎熬，一切始於精準地確認自身弱點。

列出你的控制傾向

想像你眼前有一組一千片的拼圖，你會從哪裡著手？或許可以先看看盒裝上的完成圖：有一處小海港、多艘漁船、一個碼頭、數間小木屋，然後另一邊有一艘亮眼的紅色小船。沒錯，這就是拼圖的起手式，從成堆的拼圖塊中找出那些帶有紅色的部分，然後把它們組合起來。

當我坐下來進行心理諮商時，也是用相同的方式來和對方談話，只不過我尋覓的並非亮眼的紅色小船，而是在追蹤控制欲的蛛絲馬跡。倘若你學會找出自己的控制模式（請參考後面列點），以其做為焦點來了解自己備受煎熬的原因，那麼你將有辦法解開生活的謎題，不至於始終困惑不解。這是自我對話第一步可以幫你做到的事。

上門求助的人往往驚訝於我能輕易洞悉他們長年問題的成因，在我教導他們如何看清自己的控制傾向之後，他們都體認到，獲致這樣的理解何其直截了當，就像在千片拼圖中找到那艘鮮明的紅色小船一樣。確實，即使你著手破除這些控制習慣，可能還是會在生活中跌跌撞撞，畢竟所有習慣都會抗拒改變。然而我可以擔保，一旦你堅定地體認到自己如何自欺欺人，就不會再盲目，你將確定自己理應有所作為，擺脫反射式思維跟不安全感設下的種種限制。當前你的首要任務就是理清自己的控制傾向。

控制策略可能五花八門，從頑固且負面的簡單陳述（比如「不，我不去」），到更激烈和能夠削弱對方力量的表達（例如恐慌發作時的無法動彈），應有盡有。雖然控制在創意上有無窮無盡的可能性，以下僅列舉一些較為典型及最常見的控制欲表現形式，有助你評估自身獨特的支配習性。請留意你自身的各種傾向。

- **是的，但是：**「是的，我還沒完成工作，但是生病了我也沒辦法啊。」你透過這種策略首先裝作慚愧，然後讓自己規避責任。「是的，我拿了你的錢，」接著把它合理化以躲避罪責，「但是我並非偷竊，只是借用。」這是對罪行無動於衷並藉此來尋求支配全局。
- **必須：**「我必須是最好的」或「我必須說謊，他絕對承受不了真相。」這是強迫性的策略，有助於自己控制他人和生活。一旦你被說服必須要有所行動，就會消除一切疑惑。
- **擔心或假設萬一：**「萬一我失敗了，該怎麼辦？」或是「如果他拒絕我，該怎麼辦？」擔心的用意在於藉由設想即將發生的事情來消弭困惑。儘管沒有人能夠預知未來，你依然不斷告訴自己，倘若能想出接下來將發生什麼事，你將能振作起來並對未來有更適當的準備。
- **不能：**「我不能勝任那個工作。」或「我不能放鬆自己。」一旦你斷定自己不能做什麼事，就為自己找到免受煎熬或失敗的託辭。只要能避免挫敗，你便覺得都在你的控制中。

- **內疚**：「我務必去一趟，否則他會生氣。」內疚是一種強烈的情感，它試圖防止你違逆某個人或某件事情，你努力避免讓自己覺得做錯事，假如你允許內疚迫使自己做符合外界期望的事，將能避開衝突並維繫支配。換句話說，如果你做了違抗他人的事，內疚會使你感到懊悔或苦惱，藉以恢復控制感，「我深表遺憾，我絕不會再對你做這種事。」
- **非黑即白思維**：非黑即白是一種「全有或全無」的思考方式，永遠不會有灰色或是中間地帶。你只須說服自己某件事屬於黑或白，就這樣，無須再討論，事情就在掌控中。
- **疑惑**：「或許我不應打電話給他，我怎能知道他會不會生氣？」疑惑使你踩剎車，以延遲、避免或是保護自己免於風險。你力圖藉著放緩腳步或保持不慌不忙來取得控制。你覺得維持現狀比起犯錯更安全。
- **應當**：應當跟必須其實大同小異，兩者都是你試圖控制生活的強迫性策略，應當則更接近於內疚和社會期望。
- **辱罵**：「我真是白癡！」用廉價的方式貶低自己以逃避衝突。畢竟，我們實在不能期望「白癡」有能力應對生活。
- **不在乎**：「我不在乎自己是否惹他生氣。」不在乎是一種否認的方式。你覺得，只要躲進麻木不仁的保護殼裡，便能維持控制——即使你搞砸了事情。
- **對立**：「我認為，你可以直接下地獄。」對立可以擊退對方，藉由拒人於千里之外，你在雙方之間開闢出絕緣空間，隔絕是一種控制策略。

- **謊言：**當你能藉由說謊來操控他人時，何必承擔任何責任？你認為，倘若某個現實不合己用，便可藉謊言創造出另一個情況。
- **操縱：**人們都容易受到外界影響，對他們說一些善意謊言、施加若干威脅、捏造某種會讓人情緒失控的事情，可有效地使人屈從你的意志。你覺得一旦能操弄他人，便能控制他們與情勢。
- **概括式的小題大作：**試圖為最壞的情況做好準備，倘若某件事將演變成災難，而你提前預料到，就不會措手不及。假如世界末日即將來臨，你最好清楚知道，才能提前做好準備。
- **宿命論思維／悲觀絕望：**小題大作的思維至少是為了預作準備，好為災難做好防範，而宿命論者做出最嚴重的結論，卻只能成為受害者、感到無助和無能。當不需要再苦苦掙扎時，會覺得有種控制感。

看看你能否從上列項目中，整理出自己的控制傾向清單，構成你獨特的控制手法，有助於你把它們具象化為雜耍遊戲中在手裡拋擲的球。舉例來說，你可能在某個處境裡運用魅力加上操縱手法，在別的情況中訴諸對立與挑釁，在另一個情境裡則借助隔絕和退縮，這些都是尋求保護自己的控制策略，因為你被不安全感說服，堅信自己無法處理生活。假如你還記得我們曾在前面的章節探討過，無論任何形式的控制手法，隨著你變得疲憊，都會不可避免地變成一場掙扎，只能試圖防止崩潰。

概念具象化

多年前，妻子的幼兒園教保員曾指點我概念具象化的價值，如今我演說時都會使用許多隱喻、典故跟豐富的肢體語言，對於把內心想表達的想法具象化有很大的幫助。因此，我邀請你運用以下練習來把自己的種種控制習慣具象化。當你能在紙上寫下想法，而不只是在腦海裡進行思考，你將驚奇地發現保持事情簡單明瞭是多麼輕而易舉的事：

一、以上述常見的控制欲表達形式做為指南，在一張空白的紙上畫出幾個圓圈，把它們想像為你的控制欲雜耍遊戲中的球。在每個圓圈裡填寫一個你親身體驗過的控制傾向，然後看看你能辨識出多少顆球。建議你可以畫大一點的圓圈來表達較為強勢的控制傾向，小一點的圓圈則是較微弱的傾向。

二、隨著自我對話訓練的推展，依據你的理解和促成的生活變化來增加或移除那些球。

繪製你的反射式思維

在你持續把控制欲的表達形式具象化之際，我樂意協助你就反射式的支配習性與相關煎熬的強烈程度繪製一個圖示。在下方的圖中，一邊呈現出成熟與健康的思維，另一邊則呈現不安全感與反射式思維。取決於你特定症狀的嚴重程度，你將注意到某些想法傾向健康思維，而其他想法傾向屬於反射式思維。

回到你整理的控制策略清單，運用以下的描述來估算，與控制習慣相關的反射式思維嚴重程度。

請記得，這個圖示僅是憑直覺得到的近似值，你不必掛心精準與否的問題，我們的目標是對反射式思維各項陋習進行具象化的評量，培養看清圖上各項傾向的能力，有助於你避免後續自我對話訓練的困惑。

而且，請記得先前的練習中畫出的大圓圈是較為強勢的控制傾向，較弱勢的傾向是小圓圈。使用下面的圖示來輔助你完善那些圓圈，我們將依據這個圖示來估算反射式思維的嚴重程度。

控制手法／反射式思維

1	2 3 4 5 6 7	8 9 10 11 12 13	14 15 16 17 18 19	20
健康思維	輕度到中度反射式思維	中度反射式思維	中度到重度反射式思維	重度反射式思維

• 重度損害（20）。這個損害等級發生的各種症狀／習慣會導致處理任何生活需求的能力全然無從發揮。典型症狀包括重度的沮喪、焦慮、恐慌，以及自殺傾向、長期的藥物濫用、喪失工作與社交的能力、慢性的身體疾病，以及住院的需求。
• 中度到重度損害（14到19）。這個損害級別發生的症狀／習慣會造成生活上處處遭遇嚴重限制。典型症狀包括長期的自我懷疑、沮喪和焦慮、強迫症、時常濫用藥物或酒精、不斷失敗、各項能力普遍不能發揮、身體疾病、無法工作。
• 中度損害（8到13）。這個損害程度發生的症狀／習慣可獲得管控，但也必須持續觀察。典型症狀包括陣痛一般的沮喪、焦慮或恐慌，以及社交問題、恐懼症、偶發的藥物或酒精濫用、長期的憂慮、普遍地對職涯／工作感到不滿意、情緒不穩定、嚴格的完美主義、倦怠、頭痛、挫折感及躁動。
• 輕度到中度損害（2到7）。這個損害等級發生的症狀／習慣反映出絕大多數功能上的問題。典型症狀包括社交方面的種種猶豫、憂心、輕度的強迫症跟完美主義、輕微的不滿、工作上的挫折感、對自己或人際關係感到不悅、怠惰。

後續追蹤

建議你練習自我對話一到兩週之後，重新評估自己的反射式思維傾向，屆時你應當能見到若干朝向健康思維的重大轉變。自我對話的目標在於最終破除一切下意識尋求控制的習慣！

控制模式清單

回到本書第三到五章以及七到十章，查看你做過的各項自我檢測的得分，運用所得分數和自己的相應見解做出的結論，來製作一個控制模式清單（參見範例）。你可以使用此清單和本章的具象化圖示，來洞悉那些絆倒自己的控制模式。在生活短路之前，發展先發制人及接住自己的能力究竟有多麼重要？意識到自己的控制欲與反射式思維的習慣，就如同睜大雙眼開車，反之則若閉著眼睛開車，你當然能夠明辨用哪種方式開車更有道理。

控制模式清單樣本

姓名：珍妮

日期：二〇〇四年六月二十七日

一、主要人格傾向（參考第三至五章和七至十章各項自我檢測）：

A 中度不安全感（第三章自我檢測得分16）

B 強烈的憂慮（第四章自我檢測得分16）

C 輕度的控制欲問題（第五章自我檢測得分9）

D 中度的自我隔絕（第七章自我檢測得分10）

E　中度的強迫症及完美主義（第八章自我檢測得分15）

F　普通的欺騙傾向（第九章自我檢測得分3）

G　輕度受限的信任能力（第十章自我檢測得分8）

二、控制習慣

A　假設性思考

B　非黑即白的思維

C　抱持懷疑態度

D　「應當」的想法

E　「必須」的想法

三、反射式思維

所有的傾向均落在輕度損害的範圍內。（4到7分顯示憂慮；輕度強迫症跟完美主義；輕度的對生活不滿；工作上的挫折感；對自己、生活和人際關係感到不悅；怠惰）。

四、注意事項摘要

我最大的問題是想太多。我對一切事情感到憂心忡忡，憂慮已開始對我的工作（尤其是工作表現）造成問題。我似乎過度力求完美及要求自己不可犯錯，即使我結束一整天行程時早已筋疲力盡，卻總是很難入睡。早上醒來後，我覺得自己並未獲得充分的休息，而且心神不寧、沒有安全感、悶悶不樂。我對丈夫沒有慾望，這開始令我擔心，並感受到壓力。我變得神經衰弱！

珍妮可以參照這分清單，著手理解自己備受煎熬的原因。從人格傾向來看，她有中度的不安全感，而主要的支配機制是憂心。由於其反射式思維屬於中等範圍，她應該能培養足夠的能力來認清及挑戰自身的長期煩惱，以及其他的控制習慣。（無論如何，倘若珍妮的反射式思維介於中度到重度之間，她對抗各種控制傾向的能力將會受到更多局限。假如是這樣的話，她理應更加仰賴後續的自我對話步驟，以發展適切的拆解反射式思維的能力。）

珍妮的中度完美主義傾向可能是其工作壓力的主要成因，加上想太多導致反覆思量的習慣，以及對工作表現的焦慮，足以解釋為何她夜難成眠、得不到充足的休息。她理應審慎地檢視生活中「應當」和「必須」做的事，因為那意味著她強迫自己努力尋求控制、避免搞砸事情。在不安全感的壓力下，她採用預料未來的策略，以避免任何進一步的難題。

她的中度隔離傾向可以解釋與丈夫疏離、對他提不起慾望的原因（保護自己免於遭受拒絕），以及為何她抱持非黑即白的想法、不努力改善彼此關係，原因在於她認為夫妻關係非好即壞，沒有中間地帶。根據她築起的心理防衛手段：倘若我與丈夫的關係不佳，何必為此勞心費力？這種隔離自我的傾向也可能出現在其他領域（工作、對生活的整體態度），因此她必須好好留意這類情況發生。

定期重新檢測

正如你從上述詮釋所見，這並非正式的評估，你只須運用數據資料來構想有用的圖示，藉以了解控制欲與反射式思維如何污染自己的生活。請記得，沒有對或錯的問題！你應該允許自己自由自在地進行推論，即使你的判斷超乎一般的預期或過於保守，也無傷大雅，你可以即時進行微調修正。

為了使微調修正發揮極致效益，你應當定期重新進行自我檢測、重新評量各種傾向，並且不斷更新控制模式清單。隨著你開始學習不給予反射式思維養分，從而挑戰你生活中的控制習慣，你將留意到自己的各項檢測分數跟評量結果逐步發生變化。

12

步驟二：分清事實與假想

我的瑜伽老師佩林庫蘭．拉瑪納珊（Perinkulam Ramanathan）是非一位凡的智者。某天當我們準備開始靜坐冥想時，班上一位初學者問：「冥想時，我的思緒宛如脫韁野馬，究竟該怎麼停止思考？」拉瑪納珊遲疑了一會兒，然後回答說：「思維就如同猴群一般，總是嘰嘰喳喳和四處撒野，你應該學會馴服牠們！」

想要改變人生，務必要能駕馭自己的想法，尤其是消極負面的、自我懷疑的、沒有安全感的念頭。每當你試圖控制生活，就會把不安全感激發的思緒填滿自己的腦海。這類如脫韁之馬的思維具有許多偽裝形式，比如徹夜反覆思量自己說過的話、為使住宅盡善盡美而累壞自己、因為錯失機會而懊悔不已。

四十歲的護理師喬伊斯對我講述她的親身經歷：

我於某日晚間前往醫院八樓探訪一位友人。進到擁擠的電梯之後，我的第一個想法是，我實在應當搭乘另一部電梯。我覺得自己突然被團團圍住，並且感到無法呼吸，我開始顫抖和害怕，我想要放聲尖叫，我的心跳驟然加速，呼吸越來越急促。究竟是怎麼回事？我再也無法忍受，一心只想離開電梯。我的思緒開始翻騰，我必須離開電梯，我沒辦法呼吸了。我按下緊急鈴，每個人都用空洞的眼神望著我，我感到反胃且頭暈目眩。我倒在電梯地板上，最後電梯門開啟，數名乘客幫助我出了電梯。

你已確立自己對於控制習慣與傾向的看法，接下來可以著手分辨你的哪些想法宛如四處肆虐的猴群發出刺耳的尖叫聲。倘若無法辨別清楚，那麼你也會成為猴群的一員。第二步分清事實與假想，是學會與自己對話不可或缺的技能。

腦海中是誰在說話？

猴群、反射式思維、不安全感，你自己腦海中的想法何以那樣橫衝直撞？你是否曾經覺得大腦裡彷彿有兩種大相逕庭的人格？似乎一個是健全、自發、信任自己的人格，另有一個感到不安、懷疑自己、控制的人格，究竟哪一個是真正的你？倘若你想要幸福、有活力、有成就的人生，就得解答這個問題，你必須領悟真實自我的真相。

多數人對天使－惡魔夾纏不清的想法感到徬徨，他們腦海中的思緒不斷地轉變：是的，我可以。不，我不能！或許我可以嘗試……然而若我失敗了會怎樣？如果你如此掙扎不已，那麼你必然難以分辨事實與假想。

有句話說，「有時候你打敗熊，有時候熊吃掉你。」對多數人而言，生活總是時好時壞、變動不定，而且令人困惑不解。「我不了解生活，我似乎自信滿滿而且掌握主控權，有能力處理各種狀況，然而只要有人說了負面的話，我就會苛責自己。」你心中的想法，以及更重要的你聽信的話，將決定你的生命經驗。舉例來說，一位找我進行心理諮商的男士因為害怕驗血而延後了婚禮，他致電給我時幾乎陷入歇斯底里：「我無法堅持到底，我就是沒辦法驗血，難道我精神失常了嗎？」他沒有精神失常，只是困在反射式思維與控制欲當中，而覺得自己發瘋了。（歷經數次馬拉松式的諮商之後，未完全被我說服的新郎終究完成驗血，我後來收到他們夫妻在加勒比海幸福度蜜月時寄來的卡片，諸事美好。）

每當我談論分清事實（健康的以事實為基礎的思維）與假想（不安全感驅使的反射式思維）課題時，總是有人感到焦慮不安。人們時常問我，「你說的是思覺失調症嗎？」請相信我，我要探討的不是思覺失調症、雙重人格或其他任何類似的令人難安的狀況。事實上，你僅有自己的唯一人格，只不過你的人格有時會遭到不安全感荼毒，當這種情況發生時，你可能會覺得自己有雙重人格。大可放心，你只有自己的唯一人格，而其有著兩種對立的知覺——一個健康，另一個則具破壞力。你覺得自己的人格支離破碎，其實不是這樣的。

”不安全感會扭曲你的真實人格，但無法改變你的真實人格。“

把事實與假想的分野銘記於心，有助於你擊退不安全感驅使的慣性思維。請檢視以下的例證，試分析是事實或假想：

我懷疑自己能夠勝任這項工作。事實或假想？

想一想，你真的無法勝任這項工作嗎？除非你冒險去嘗試，否則你不會知道自己究竟能否勝任，因此在試過之前你可以推斷那個想法純屬虛構。唯有在嘗試過而且確實失敗之後，才能說那是事實。

我已年屆五十四歲，將永遠找不到對象。事實或假想？

這當然是假的，沒有人擁有預知未來的能力。不論一項預測在統計上的發生機率有多高，在你開始推測時理當謹記：未來始終是個抽象概念。而事實並非抽象概念，事實是此時此地的真實情況！

你有聽到他怎麼對我說話嗎？很顯然他不喜歡我。事實或假想？

解讀他人心思根據的並非事實，正如預測未來，不論你的詮釋多麼「合情合理」，除非你能夠證實自己的推測，否則它就只是想像出來的。對方可能只是當天過得不順心而需要宣洩情緒，實際上與你無關。

> **”感覺、臆測或讀心都與事實無關，別再把這些當成事實。“**

在不安全感的領域裡，人們會混淆事實與假想。由於每個人都會疑惑、恐懼、誤解、消極，我們可以選擇制伏或豢養它們，而開創自己想要的生活並享有幸福感的首要步驟，是學習不再供給它們養分，這要從分辨事實與假想做起，光是做這個嘗試就能讓你了解自己有所選擇。

假若你始終感到受挫而且不快樂，那是因為你一直過著下意識的、無從選擇的生活，別無其他原因。看清自己有得選擇事關重大，而且無比重大！這足以立刻促使你對生活整體展望開始轉變，你將會明白這個道理。

認清誰在說話：你的心理之聲

自我對話的各項步驟全都不複雜，就如同學騎腳踏車一樣，一旦你學會如何維持平衡，不就學會了嗎。要學習在生活中保持心理平衡，你必須用全新的觀點來檢視自己的想法。從眾多心理諮商個案中，我了解到多數人不會去思考自己的思維，尤其不會去思考那些使自己深陷困境的想法，他們只是簡單地思考並根據想法做出回應。就讀高中的籃球隊員約翰在諮商時對我說，「我想退出籃球隊，因為我不再能夠射籃。」我要求他解釋為何說自己「不再能夠」射籃。他回答，「練球時，我可以從任何地方把球投進籃裡，然而只要一上場比賽，我就會不知所措。

我再也無法忍受這種窘境。」

約翰沒有思考自己的想法，他只是單純地對自己無法射籃的恐懼做出反應。他說「我再也無法射籃」，這當然只是假想的事。事實是，他並沒有忘記如何射籃（他練球時表現良好），遺憾的是，他聽從了假想的「我不再能夠」。他相信自己不再能夠，於是便做不到，約翰成了自身不安全感的受害者。所以，他的課題其實是：與其受制於假想的事，該怎麼做才能清理心中的扭曲想法，並選擇直面真相？答案就是與自己對話。

約翰必須認清自己的疑慮並非事實，而只是阻礙自己看清事實的污染物。讓我來釐清這一點，倘若約翰手腕骨折並且打上石膏，那麼他可以合情合理地說「我不能夠射籃」，這將是一個真實的陳述。當約翰在手腳健全的情況下說，「我不能夠射籃」，他純粹是在表示，他**覺得**自己不能夠射籃。正如你先前所學，感覺並非事實，約翰需要想清楚，並且分辨出那只是他的疑惑。不過，約翰的首要步驟是踩剎車，不再編造更多負面的虛構想法。

自我對話強化訓練

從此刻實質著手練習自我對話吧。在任何掙扎、衝突或強烈的情緒狀態中，辨識自己究竟是在回應事實或假想。請記得，**事實是可以驗證的、客觀的、能夠觀察到的現象，而假想則是奠基於詮釋、判斷與對發生機率的預測**。一旦你能夠分清事實與假想，便可以開始仔細檢視相關的想法。舉例來說，告訴你自己：瞧，我讓自己變得格外激動。我容許糟糕的假想毀了約會！

目前還不必費心改變思考方式。這個練習唯一要做的是，分清並確認憑空杜撰之事。當你下次陷在不安全感引起的假想中，只須坦然面對並認清那僅是捏造之事，請保持耐心，步驟二是專注於內在自我對話以明辨虛實。到步驟三，你將實質挑戰內心具破壞力的思維。

自證預言

前述約翰失去投籃能力的案例，突顯所謂的自證預言。倘若你把假想（負面想法、恐懼和疑慮）視為實情，就會變成真的事實（失敗、一事無成、被排斥），三十歲出頭的葛瑞格的實例將為我們闡明這點。他透露自己一直沒有安全感且孤單，還論斷「我將永遠交不到女朋友」。友人邀他週末參加派對，並且不接受他回絕，葛瑞格勉強同意了，但在週末到來前一直懊悔不已，因為他「知道將會發生什麼事情」——他確信自己會孤單到最後，並且一再失望。

後來，葛瑞格告訴我，那晚他走進派對會場時感到很不自在，無法融入現場的氣氛。派對進行期間，他獨自躲在角落生悶氣，不斷喝酒，期能得到一絲快感。派對結束後，葛瑞格回到家躺在床上，感到憤怒與鬱悶，他再度斷定自己沒有戀愛運，永遠遇不到另一半。

他自己應驗了「我永遠交不到女友」的預言，至少從他的觀點來說是如此。然而，讓我們進一步檢視這件事情。在參加派對之前，葛瑞格的不安全感造成了自我懷疑與負面的預期，這些假想不但開始駕馭他的感受，也支配了他當晚的行為。友人隔天致電給葛瑞格時說：「你真的很難搞，讓我很尷尬，你知道有多少人來問我，『葛瑞格怎麼了？他看來很不耐煩。』我為你介紹的那名可愛女孩說你很吸引人卻難以親近，她認為你自命不凡。」

這些觀察讓葛瑞格茅塞頓開。他終於開始了解我說的「人們實際上會變成自己所想的那個樣子」是什麼意思。他的自證預言彰顯了，為何辨別假想而不認同它是如此重要的事。假如你允許自己被不安全感吞噬，最終將確實落到自己應得的下場——充滿不確定性及各式問題的殘缺人生，難題將反覆不斷地出現。

> **“你終將成為自己想像的那樣。”**

自我對話強化訓練——了解大腦如何運作

如果你把自己的想法視為自我對話的一部分，將能更容易地解釋自己腦海中發生的事。為了幫助你理解這個概念，你可以嘗試一個小小的練習。在一張空白的紙上回答這個問題：「我今天有何感受？」當你寫完一兩個句子之後請停下來想一想，你領會到什麼？

或許你發現自己的表現還不錯，但也覺得日常瑣事有點匆促，對家事有點強迫性。也有可能你體會到受挫或生氣。關於這個練習，與其細究自己寫了**什麼**，不如檢視自己**如何**表達各種想法。比如，假設你寫了「我很不快樂，但願有辦法讓我不要總是心情低落。」思考一下你是在對誰說這些話？很顯然，你是在對自己說話，但如果你是在對自己說話，那麼是誰在說話？又是誰在聽？

與其尋求這些問題在哲學或語言學上的解釋，不如說這是你的一部分在發言，另一部分在傾聽，那麼你可以接受或是拒絕那些話。倘若你接受了，就會認同那些話。在上述例子中，你告訴自己「我很不快樂……」，假如你接受這個說法，就會變得不開心，你會承認自己內心的聲音。無論如何，你可以拒絕自己聽到的話，並且採取反擊行動，你可以想一想，「我能夠做什麼來改變自己的感受？」

檢視你寫的答案，能否看出那是自己內心的某種對話？我們總是在進行著這樣的內在對話，然而由於我們沒有特別留意，以至於它們通常會被忽略。當然，這種對話不會發出聲音讓耳朵聽到，它是心理的對話，我稱之為「自我對話」，是非常尋常的內在交流。當你開始觀察自我對話，你將注意到不安全感（假想）有自己的獨特聲音，這個來自反射式思維的聲音會傷害你。一旦你看清事實真相，並且意識到自己一貫的習慣，你將能近乎自動地分辨事實與假想。

區分事實與假想：開始行動

對多數人來說，不安全感驅使的種種污染生活的積習，往往是在不被覺察的情況下以習慣性的反應運作。隨著時間推移，我們會覺得泰半習慣是與生俱來，因此可能不會意識到其對生活造成的衝擊。舉例而言，當人們說，「我無法處理壓力」或是「我感到沮喪」時，他們可能明白自己正苦苦掙扎，卻全然不知能夠選擇其他生活方式。

這種令人困惑的情況有多種成因。當你說「我感到沮喪」或「我無法處理壓力」時，你不僅是把不安全感造成的各項症狀視為無法改變的事實，更嚴重的是你認同了它們！

經由說出「我感到沮喪」或是感到焦慮、不快樂、消沉、多疑、高度緊張、迫不得已，你表達了「我就是沮喪的人」。當你這麼做的時候，你在自己和沮喪之間畫上了等號。如前面所學，就心理上的現實而論，不安全感引起的習慣絕非不可改變的事實，而只是被我們當成事實的假想之事。

也就是說，你只是感到沮喪，關鍵在明辨：「我確實感到沮喪，但事實上那僅是我的一部分感受，那不是真相。」這樣的簡單認知使你得以站到更好的、更客觀的位置上。在取得較客觀的立場之後，事實與假想將不再糾纏不清。

你可能會覺得我在玩文字遊戲，但這些文字確實能夠改變你的人生，認清自己有所選擇，能夠促成重大覺醒。你困在虛構之中，自認對生活無能為力已有多久？你是否受制於假想情況，而時常抱怨自己無能力面對生活的種種挑戰?

一旦你領悟自己有得選擇，將不再覺得被生活束縛。將事實與假想區別開來，是邁向心理解放、理解自己有能力選擇想要生活的第一步。

聽來確實孩子氣

最後我還要探討一個概念，在分清事實與假想上可能是一項重要的資產。倘若你在備受煎熬的生活裡仔細聆聽自己的想法，將注意到有些想法具有原始的、孩子氣的特質。當你抱怨、生氣、退縮、憂懼、不斷反覆思量時，可以確認自己不但受到此時此地的現實條件影響，同時也遭受長年養成的習慣制約。你的不安全感自童年時期以來已經根深柢固，它在你身上留下的印記必然明確地顯得孩子氣。

我說的孩子氣特質究竟是什麼意思?在大賣場，你可以聽到許多小孩泣訴他們缺少玩具，或是因父母不讓他們吃冰淇淋而大呼小叫或哭喊著要回家，又或是僅僅因為他們碰巧是被寵壞的孩子就亂發脾氣。

藉由學習傾聽自己的想法，你將察覺自己也有許多類似的傾向，這些都是你內心那個不想面對生活的孩子的痕跡——可憐的寶寶!

從此刻開始，每當你苦苦掙扎時，問自己，**我聽到的內在聲音是否成熟且合情合理？還是聽起來不恰當、愚蠢而且孩子氣？**你應注重這些孩子般的傾向，並整理出一分清單，你將發現，這些傾向是一些陋習的初期警訊。藉由聽見內心孩子氣思維發出的聲音，你將能夠退一步思考並且提醒自己：**孩子氣的習慣想讓我跳腳抗議、反擊對方，我能否訴諸更成熟的回應方式？好的，先深呼吸，我可以像個成年人那樣跟對方好好討論事情。**底線是：你不須繼續餵養不安全感自你童年以來養成的那些習慣，畢竟它們會使你變回當年的小孩。

自我對話的步驟三將指引你如何停止供養那些惡習，但我想先講述傑森的案例。

傑森是一名二十歲的學生，他不太在意女友羅莉知會的事情。羅莉告訴傑森，她將與幾位友人前往墨西哥的坎昆過聖誕假期。傑森當晚在自己的日記本寫下這些話，是分辨健康思維與孩子氣的反射式思維絕佳例子：

我想信任羅莉，然而當她說將要前去坎昆度假時，我失去了理智。我很生氣，斥責她不再愛我。我恨她！這已是數個小時前的事，現在我開始理解，當她告訴我她要離開時，我當時的行為像個小孩，馬上就斷定她將會對我不忠。我那時感到脆弱且恐懼，我猛然批評她，我猜這是因為自己相信只要恨她，也就不必關心她會遇到什麼事。我必須做的是強迫自己認清自身的「另一面」（傑森成熟、未受到沾染的自我），我孩子氣的下意識反應不讓我這麼做，它只想讓我充滿恨意。好吧，但我可以看清是孩子氣的反應使我覺得自己受到威脅——不是我！羅莉未曾讓我有任何理由懷疑她！現在我可以選擇。我可以相信不成熟的下意識反應，或是打電話向她道歉，我知道這樣做才對，但是要擺脫恐慌很困難。

傑森後來致電羅莉，羅莉依計畫前往坎昆，傑森度過危機。

傑森的例子顯示，我們必須仔細檢視自己回應種種挑戰的方式。每當你感到自己受制於不安全感時，請提醒自己仍有選擇的餘地。

”在任何衝突中，如果你能分辨是誰在發言，將能明白自己有所選擇。“

13
步驟三：不要聽信雜音

有一個老掉牙的笑話，病人問醫生：「我這樣移動手臂時覺得很痛，該怎麼辦？」好醫生回答：「那就別再這樣移動你的手臂。」倘若你的生活充斥著負面想法、困惑、自我懷疑，那麼我要給你相同的建議：別再用這種方式思考！而且我不是開玩笑。假如想要翻轉生活，就該學會停止像個失敗者或「幾乎要得到」幸福的人那樣思考。你將驚訝地發現，藉由與自己對話，這確實不難辦到。

與自己對話的哲學

多數人對於治療的本質感到困惑，這是因為傳統療法、媒體及自救方法鼓勵我們成為堅持追問原因的過度思考者。儘管探索潛意識或個人生命史很有吸引力，但若你尋求的是實質改變，依我的見解追問原因只是白費功夫。自我訓練並不注重你往日與母親的關係，也不關注你是否為獨子、孤兒，或是貧是富，重要的不是你在不安全感下養成習慣的起因，而是你有什麼方法擺脫這些積習？

以下是我的辦法。

自我對話將指導你選擇健康思維。你已經學會如何分辨基於事實的健康思考方式，和出於假想的反射式思維，而與自己對話的第三步驟甚至更加直截了當：一旦弄清楚自己的想法受反射式思維支配，就立即**停止聽從**這樣的想法！我的祖母昔日見到我憂心忡忡時經常說：你無法阻止鳥從頭上飛過，但可以阻擋牠在你頭上築巢！這話說得有道理，你無法阻止腦海中迸發反射式思維，但可藉由深思熟慮來停止供給它養分（築巢）。從今以後，別再供養反射式思維。

儘管不安全感可能極力試圖說服你別這麼做，但我們已在步驟二學習到，不安全感僅是你的一部分，而健全的另一部分能夠選擇不被假想欺瞞。步驟一和二比較注重思考，步驟三毫無疑問屬於行動步驟，而且行動是要求你不要去聽。

我有兩個孩子，這些年來我深夜頻頻被各種狀況吵醒，包括孩子夢遊、作惡夢、暈眩，甚至有一次是兒子的腿被大黑蟻無情地咬傷叫痛，我和妻子立刻驚醒，為人父母的聽覺對於孩子夜間求助的哭喊總是特別敏銳。有趣的是，對於那些比較無關緊要的雷聲、馬路噪音、狗叫聲、鬧鈴聲等等，我們總是有辦法不受其擾繼續熟睡，而只要孩子一發出求助的呼喊，我們就會瞬間醒來並且趕去援助。

為何每當鬧鐘響起時，我們總是會想「再多睡一分鐘……再多一分鐘就好」，我們對起床如此無力，但睡夢中的我們卻能夠迅速對孩子求助的喊叫做出回應，原因何在？生活中某些特定事物我們是認真拒絕的，比如說搶劫銀行或是漠視老闆的要求，還有些特定事物我們拒絕時顯得虛張聲勢，例如任何小孩都知道，心軟的父母說不行，並非真的不可以。

為何我們做出健康選擇的能力如此變幻莫測？答案其實很單純：壞習慣使然！我們習以為常地縱容自己——再多嘗一口、再多睡一分鐘、再多喝一杯——於是我們不再信任自己的心聲，於是說不行並非真的不可以。馬克・吐溫曾說，吸菸是最容易打破的習慣，「我已有過數千次的經驗。」當你的話語不再有意義，當你屈服於破壞性的衝動，你就是在說服自己，你並沒有承擔責任的能力，你告訴自己，我不能，因此我不做，在這樣的情況下，你會變得軟弱無力。你同意嗎？如果你同意，讓我點醒你，這並非事實，你並非真的軟弱無力，你只是覺得自己軟弱無力！那只是欺騙習慣在作祟。在適切的客觀條件下（比如孩子於夜間哭喊時），你將能推翻那種感覺，發揮你的行動能力與效力，請相信我，力量就在那裡等著你發揮出來，你不須向外獲取力量，只須運用內在的力量。

在摸索如何停止不安感促使的負面想法時，多數人起初會跌跌撞撞，而當負面思考的習慣積重難返時尤其是如此：「我無法控制腦海裡的想法！它就是會憑空湧現。」這不是實情。負面想法不會無端發生！三十二歲的警員琳達對此困惑不解：

想法是我的最大難題，這必定是因為我的內在相信那些想法。我樂意拋開這些想法、對它們說不、停止認同它們，但今天早上醒來時，我依然對於許多愚蠢的事感到焦慮。我該怎麼辦呢？我憂慮這些事，正如你所說，我滋養著它們，我試著提醒自己，這只是暫時的情況，它終究會成為過去。我努力說不，但我無法阻擋想法湧出，我內心不成熟的想法很狡猾，當我終於發現自己的念頭遭到扭曲時，我的反應是迅速產生另一個想法，而在我意識到之前，我又會開始憂慮另一件事情。我可能已經陷入煩惱循環十分鐘了，而且甚至無法發現這點。大腦的運作實在十分詭異。

琳達試圖不去聽那些負面想法，卻始終無法得償所願。為何她沒能成功？原因就像你聽到鬧鈴大響卻不願起床那樣：因為你並非真的想如自己所說那樣去做。

自我對話強化訓練

我期望你嘗試以下實驗（它對琳達十分管用）。從此刻開始，**找出一項簡易的、不會造成太大壓力的挑戰，要求自己別聽不安全感的典型想法**。舉例來說，你可以決定「今晚就寢前，我將不像往常那樣享用高熱量的宵夜小吃，我要抗拒到底！」或者，「我不再推延，我將於今天上午完成清單。」一旦選定你的挑戰項目，請跟自己簽訂正式合約，比如說：「我拒絕順從自己的渴望，我要對它們說不，我不在睡前吃東西。」或是，「不論我告訴自己什麼分心的事，我不容許任何想法干擾自己在中午前完成清單。」

上述實驗僅有一個目標：不再聽從反射式思維。請記得，不要抱怨或嘆氣！假如世界的前途仰賴你拒吃睡前點心，我確信你將會找到堅持到底的方法。不要取笑自己，你可以辦到，唯有你能決定、也必須決定，何時準備好選擇自己想要的生活。

試著回想上次你堅拒聽從不安全感的情形，那時你是怎麼辦到的？你可能說了，「不，我不要這麼做！」真沒想到，你實現了自己的話，停止聽信不安全感。很神奇嗎？不盡然。不論你歸功於意志力或自律，你都設法拒絕不安全感，做到自己說的事情。這實在不複雜，你只須有意地把相同的道理應用到反射式思維。

這是經常反覆練習「說不」的好方法，你必須勤於鍛鍊，別再猶豫不決，你確實能夠拒絕，著手使自己適應這個事實吧。只要持之以恆地練習，你將逐漸打造出強健的心理素質，它將使你堅定不移，不再像不受控的孩子那樣亂發脾氣。

> **”如果你認為自己無法堅定說不，可就大錯特錯。“**

運用你的想像力拒絕反射式思維

在結束這個段落之前，我想對你分享最後一個極其重要的技巧。我發現，在對反射式思維說不時，創造適切的心像（mental image）會使一切都變得不一樣。我強烈推薦你找出並採用對自己能派上用場的心像，你可以憑藉創造力形成自己的心像，或是嘗試運用以下方法：

關閉防水門：倘若你曾經搭乘軍艦或觀賞過潛艦相關電影，可能曾留意到船艦上有許多水密隔艙，這些隔艙防水閘門的作用在於防範船身受到損壞。不安全感就像是千方百計要滲透進隔艙的海水，日積月累的憂思或疑惑的涓流，有可能轉變成焦慮、恐慌或過度情緒化的洪流，每回你察覺自己聽從反射式思維，務必猛力關上腦海裡的防水門，上鎖，堵住滲漏，讓它無法對你產生影響。

踢足球：想像你身處一座巨大的足球場，你的職責在於防止其他相鄰球場的足球誤入你的場地。你巡視球場，發現有一顆足球滾過來，你走近它，並猛然出腳將它踢出球場。你可以把反射式思維當成侵入自己意識場域的足球，當它闖進來時，便把它踢走！剛開始時，會有許多足球肆虐你的球場，但隨著你積極清理場地，外來足球入侵頻率將會迅速降低。

身體拳擊：在拳擊比賽中，選手的目標在於擊倒對手，而多數場合這不是單純依靠一計重拳，而要搭配一系列身體攻擊來弱化對手，然後再出重拳將其擊倒。把反射式思維視為你的拳賽對手，除非夠幸運，否則難用一計重拳將它擊倒。每回你對其說不，便是施予一次身體攻擊，每次你擺脫疑惑，就是一擊！每回的冒險，又是一擊！

管束心中的孩子：由於反射式思維具有顯著的原始特質，我們不難想像它會產生孩子氣的、怪東怪西的、耍脾氣的想法。你會怎麼管教被寵壞的頑劣小孩？我期望你能負責地端正他的行為：「立刻停止，別再鬧了！」你務須強勢地面對失控的孩子、務必要堅定不移，重要的是明確地堅持「不可以！」，請記得，主導者是你而非小孩。

放走氣球：假如你覺得以上方法過於強烈，也可嘗試較為沉著的方式。把反射式思維想像成你手中充滿氦氣的氣球，當你察覺自己因不安全感而畏縮時，就張手放開繫著氣球的線，坐看它們飛向天際，直到消失為止。

14

步驟四：放下

讀到這裡，你已學會隔絕自己尋求控制的傾向，也已知道如何分辨事實與假想，而且能夠致力於抗拒反射式思維。接下來，自我對話的第四步驟將帶領你追求重大目標：消弭生活中的種種煎熬！我將提出的建議可能與你迄今的作為背道而馳，因為你將首次**不去思慮**下一步該怎麼做，至少不是正式意義的預想。那麼思慮的反面是什麼？就是放下思考。與自己對話必然會帶領你來到這個層面，你必須分辨及看清當前發生的事情，然後阻止不安全感造成的大量難以應付的狀況，最終你應該放下——擺脫煎熬、不安全感跟反射式思維。從現在開始，你的口號將是**明辨、喊停和放下**。

脫離不安全感的意識湍流

我的雙胞胎姪女克莉西與凱西來自紐約州伍茲塔克地區。某年夏季，她們說服我們參加先前從未聽過的泳圈漂流水上活動。泳圈漂流水上活動是坐在底部有「臀板」的巨大泳圈順著湍急的水流漂浮，臀板可讓你的臀部免受一路的顛簸折磨。我發現這是不尋常的經驗，初體驗者可能感到迷惑，一旦順著冰涼的山澗漂流，你很快就會和卵石及渦流融為一體。幸好有臀板護身。

不安全感的想法如湍急的河水在我們的腦海裡奔流。當你困在不安全感的川流中，將撞上的不是岩石，而是對生活的恐懼、懷疑和遲疑。當你在不安全感的反射式思維的急流中漂蕩時，你可能不會注意到自己正漂往充斥著絕望、焦慮、壓力或沮喪等更兇險境地，一旦被捲走，這段水流就決定了你的人生軌跡，而你似乎無法阻止這個趨勢。

那天當我坐著附臀板的泳圈順水而下快速漂流時，在激流中撞上了一塊卵石，從而發現一個單純的事實。在掙扎著離開冰冷的山澗之後，我始能注意到水深僅及腰部！我大可在任何時刻停下泳圈漂流。當你在不安全感的意識湍流中載浮載沉時，你可能也難以意識到解決方法其實並不複雜，而且安全無虞。

請記得，不安全感引發的激流使你覺得自己無能為力，然而，這只是它造成的印象！你必須要學會脫離這股湍流，你必須從泳圈脫身並且不惜弄濕自己。自我對話的第一到第三步驟已幫你為此做好準備，現在正是離開不安全感急流、為生活另闢蹊徑的時候。不安全感長期以來使你相信凡事仰賴控制生活，而如今你更明白，此刻你已有能力察覺水深僅及腰部的真相！

多數過度思考或控制生活的人，採行第一到第三步驟並無問題，因為這些都是屬於思維層面的步驟。倘若你只是按部就班在腦海裡重新思考生活，自然會感到安全無虞。接下來，你必須以違反習慣的方式挑戰自己，也就是**藉由放下，不去思考**。這就是為什麼我說要掙脫不安全感的意識湍流，就必須弄濕自己，離開這段水流，可能使你感到不熟悉、不自在，然而為了抵達彼岸（擺脫反射式思維），別無選擇。相信我，這不會對你造成傷害。

「停止思考？」你可能認為我失去了理智才會提出這種建議。長久以來，你的思維一直不停地快速湧現，要停下來似乎是不可能的，其實並非如此。請記得，我們不是要停止一切思考，只是要拋開不安全感的想法。在具體討論方法之前，我想告訴你，最初是什麼說服我左思右想不是解決之道。

擔憂就能做好準備？

我和妻子婚後不久，某天回到家意外收到紐約皇后區地方法院寄來掛號信，內容通知說，法院已針對我發出逮捕令。它還表明，一位名為羅莎的女人指控我過去兩年一直拖欠我們所生孩子的撫養費！

我開始慌亂地煩惱著自己將在皇后區的監獄過夜，於是致電昔日曾為室友的律師至交亞力士。他告訴我不須擔心任何事情（他倒是說得輕鬆），並且保證會處理好一切。過了一段時間，他回電告知，很遺憾，這件事沒那麼簡單，他隔天早上必須去一趟法院。

那天晚上，我想像一個接一個的複雜狀況，我不禁小題大作，並因各種假想情況而感到心煩意亂。我明白這件事終有一天會獲得澄清，但在那天到來之前，我將陷於混亂失控的狀態。我承認，那些憂慮都是庸人自擾，毫無道理可言。（倘若你看過《午夜快車》〔*Midnight Express*〕這部電影，我當時想像的是如同劇中土耳其監獄那般的野蠻情節。）

在情緒極度波動、思緒混亂不堪之際，我的內心仍冒出一絲慰藉，一個全然單純的事實從腦海氾濫的假設問題中浮現出來：**我生命中一切事情最終都以某種方式獲得解決**。我知道這聽來過於簡化一切，然而我當晚確確實實「靈光乍現」獲得了啟示。我的人生充斥著數之不盡大大小小的挑戰，而這些不勝枚舉的挑戰都已經獲得化解、不再對我造成影響。

隔天早上，亞力士來電說是法院的電腦系統出錯，問題已獲解決。我從這次折磨人的經驗脫身，並對自己如此驚慌失措感到荒唐可笑，但更重要的是，我體會到，在焦慮不安時，絕對要化繁為簡！我領悟到，內心飽受煎熬是因為過度思考。我腦海裡興起了這個問題：假如我沒有胡思亂想將會如何？你知道我得到什麼答案嗎？倘若我沒有杞人憂天，就不會備受煎熬。當然，我會關切這件事，但我可以信任生命中過往事實的統計結果，並且能夠明白一切事情終會獲得解決、塵埃落定或銷聲匿跡。如果我能夠停下那些庸人自擾的想法，那晚就會睡得更安穩，也比較不會那麼焦慮難安、無端增添許多灰頭髮。

當然，我們往往只是試圖為最壞的狀況做好準備，但是擔心或其他控制的想法果真能讓你做好準備嗎？確實並非如此。你的本能反應會遠比任何沙盤推演或預先謀畫的策略更有成效，只要你樂於冒險信任自己的本能與直覺，有時置之不理、靜觀其變、順其自然並收集更多資訊，是最單純而且最有效益的作法。根據我虛驚一場的經驗教訓，那才是唯一值得做的事情。

三種放下的方式

有三個方法學會如何放下，至於哪一種辦法最管用則取決於你的客觀條件與獨特個性，三種方法全都用上也斷然不會對你造成傷害，而且我衷心建議你這麼做。這三個方法分別是轉換思維頻道、治療性的不顧一切，以及冥想。讓我從最簡單的轉換思維頻道說起。

轉換思維頻道

我喜愛在開車時聆賞古典音樂。昨天我結束瑜伽課開車回家途中，一邊聽著莫札特的音樂，一邊欣賞沿途白雪皚皚的壯麗景色，內心感到十分平靜。這令人心醉神迷的情境突然被廣播節目主持人賣力兜售低價商品的廣告詞打斷，安詳的氣氛驟然消逝，於是我連忙轉換到播放輕柔爵士樂的頻道，又能回去欣賞沿途雪景，享受平靜的時光。這是易如反掌的事。

聽廣播時，我們自然而然會選擇令人心曠神怡的節目，當節目不符需求時，只須轉換頻道就好。請謹記這個簡單的比喻，當你下次聽到不安全感的刺耳聲音，極力推銷負面想法、懷疑與恐懼，打斷你內心的寧靜時，請想像一下你可以採取轉換思維頻道的行動。以下簡單練習有助你明白這有多麼容易。

自我對話強化訓練

回想曾經發生在你身上的負面事情（比如説尷尬的時刻、令人驚駭的體驗），接著想一件能夠喚起良好感覺的正向事情，例如美好的回憶、關於未來的抱負或願景。在白紙的一面寫下你的負面體驗，另一面寫下你的正向經驗。

然後，用大約三十秒的時間檢視負面的經歷，並只專注於相關的想法。之後，把紙張翻過來，強迫自己只思考正向的體驗。起初，這可能需要一些練習和耐心。

一旦你掌握了**從負面經歷切換到正向體驗**的訣竅，請嘗試此事：開始檢視你的負面想法，並讓它填滿你的腦海，然後在任何時間點，強制自己把紙張翻面，並且讓自己轉換到正向思考。隨著你在此練習獲取進展，你將發現自己能在任何時候阻止負面思維，轉換到正向思考。

以上練習意在使你確信自己能夠於任何時點轉換思維頻道，不再繼續聽從反射式思維沒有安全感又具毀滅力的負面想法。一旦你領會自己能夠輕易地做到此事，你將明白增強能量的實質意義。令人欣慰的是，這並不比調整收音機的旋鈕變換節目更為困難。不喜歡你聽到的聲音嗎？大可關掉它！

紐澤西州去年遭到初冬暴風雪襲擊之後，亨利學會了轉換思維頻道，不再聽從反射式思維，於是迫不及待地告訴我這個消息：

我昨晚出門試用新購的除雪機，運轉兩分鐘後突然停擺。我花費數個小時想弄清楚究竟是哪裡出錯，但最後還是放棄了。回到屋子裡，我坐下來並且感到精疲力竭、很累又受挫。我要怎麼找人來修理這台機器？可以找誰呢？我怎能搬運這台宛如怪獸的機器？

我留意到自己氣急敗壞，被悶悶不樂的心情吞沒，我覺得自己的生活因而變得凌亂。除雪機壞掉，我卻無法修好。但更糟的是，孩子氣的反射式思維使我自責不已，它說我浪費錢（妻子也一直這麼說），根本不該買那件蠢物。倘若我任由這種思維持續下去，我確信自己會開始陷入恐慌。你可能覺得我言過其實，然而不誇張，我真的變得激動不已。

幸好我記得我們討論過轉換思維頻道的方法。我必須找出大腦的選擇按鈕，好停止胡思亂想，讓自己完全放鬆。我坐下來，為自己倒一杯咖啡，然後告訴自己：我不知道怎麼修理這台可惡的機器，但我總是能夠想出解決問題的方法。我將把一切抱怨拋諸腦後，並且相信自己能在明天找到所需的答案，我將致電給兄長閒談，我確信他會迫不及待地告訴我佛羅里達州已變得多麼溫暖，這能使我轉換思維頻道。即使想要繼續抱怨當下的情況有多麼糟糕，我心意已決，不想再讓自己的心煩意亂。絕對不要！我乾淨俐落地切換了思維頻道。

在與兄長通話約十分鐘後，我已完全忘卻除雪機的問題。嗯，我沒有全然忘了它，然而我能夠擱下問題，輕鬆地洗個應該的熱水澡。

亨利停止聽從反射式思維並堅決地轉換思維頻道，於是他能夠獲得更切合需要的看法，好理清自己可以做什麼。他有什麼理由不這麼辦呢？他和大家一樣應對過生活中不計其數的挑戰，有什麼原因不能處理好這件事呢？我們當然都有能力處理生活諸事，然而不安全感會污染我們的思維，從而蒙蔽事實。我們要認清實情及其意義，唯有不再聽信反射式思維，開始依據事實而非假想的事來處理問題，才能改變生活。要擺脫纏繞不休的思緒束縛，唯一可行之道就是切換思維頻道。

治療性的不顧一切

不安全感與控制欲會導致生活陷入瓶頸，使人時時保持警戒，並且總是預料將有麻煩事發生，你會因此成為過度思考的人。當生活遭遇挑戰，你將多疑、固執、戒備、壓抑、恐懼，而且不相信自己和人生。倘若你備受煎熬，你的想法會受到反射式思維荼毒，而窒礙難行。

當我與控制意識強烈的人進行心理諮商時，若提起放下的概念，往往會遭到對方堅決地抗拒：你必定是在開玩笑。我不能置之不理。我怎能忘掉他對我說的話？如果我在路上遇到他該怎麼做？假如他對朋友說了這件事該怎麼辦？倘若……？問題在於對不安全感置若罔聞會讓人覺得風險極大。

如果你還記得，自我對話的一項基本原則指出，控制生活只是一種迷思，當你困在其中，你將會誤信反射式思維下的種種努力能夠保護你免受生活煎熬。你將覺得，放鬆自己、停止憂慮、信任自己聽來像是明智的想法，但也似乎過於冒險。

自我對話強化訓練——精神喊話

當我最初發展自我對話的訓練時，十分倚重精神喊話，我發現，持續地鼓勵最終能促使人願意冒險嘗試並相信人生。想像自己是一名走進運動員更衣室的教練，你的不安全感、憂懼、悶悶不樂、控制欲就如同敗下陣來無精打采的選手，請記得你是教練，你很清楚選手們的能量被不斷升高的負面情緒耗損掉，你務必要阻止情況持續惡化！

教練會怎麼做呢？首先，教練不會接受負面或是否定的想法，教練務必要點燃運動員的雄心壯志，激發他們克服難關、力求勝利、企盼成功的意志，好促使他們超越種種障礙。**卓越的教練會竭盡所能：激昂咆哮、盛怒斥責、鼓舞與激勵士氣、提出挑戰，以及採取其他任何可行措施。**下回面臨士氣低落的情況時，請善用精神喊話來讓意氣消沉的選手們重振信心。開始振奮氣氛吧，不要自認無能為力或找藉口，只接授克服所有困難的決心，成敗之間的差別就在態度。

雖然我的精神喊話似乎總是能夠產生好結果，但我往往也尋求更多效應，也就是使其同時成為人們理解的焦點，以及尋求改變的動力。我需要的是能夠牢牢抓住人心的精神喊話。

二十五歲的花匠珊曼莎給了我所需的見解：

我認為自己理當留意喝酒習慣。當我和女性友人外出時，總會喝一些酒以放鬆自己，然後，我又會再多喝幾杯。雖然不至於喝醉，但我在幾杯下肚後的轉變令人難以置信。我會變得極具自信，那真是不可思議，我不再擔心或在意任何事情。我樂意與陌生人攀談，而且自我感覺良好。我可以明瞭為何人們會嗜酒如命。

我聽過很多人這麼說。酒精的深層效力顯然對充滿不安全感、猶豫不決的人深具吸引力。帶我實習的精神科醫師常說，酒精是一般人都能取得的最佳抗焦慮藥物（這也是其危害性如此高的原因）。

酒精能對我們的心理產生何種作用？它能使初次嘗試者產生虛假的自信，同時會使其鬆懈自我約束，喝酒後感到不那麼恐懼和困惑的人更有可能會有衝動的行為。酗酒的主要危害在於：增強虛假的自信並使人對自己的能力產生浮誇的感受。正如你所知，把這個跟不在乎的態度、降低的判斷力與身體能力結合起來，酒精確實會成為一種破壞力十足的藥物。

儘管有明顯的理由不鼓勵珊曼莎繼續喝酒，但我確實希望她注意自己喝醉時發生了什麼事，我請她留意，當不在意自身的不安全感時，她的世界裡一切事物如何發生變化，她理解這點，於是我們開始致力於所謂的心理雞尾酒。我不想用酒精做為正面的比喻，但我們提煉出相關見解的本質，並得出一個事實，那就是酒精會引發一種一切都不在乎、無所顧慮的態度，而這正是過度思考和控制欲強的人學習放下的關鍵，我稱之為治療性的不顧一切。

讓我先說明一下，有兩種不顧一切：破壞性的與治療性的。破壞性的不顧一切與衝動及行動化（打架、偷錢、喝醉）有關。治療性的不顧一切全然是對不安全感驅使的控制欲置之不理——僅此而已。

也許對你來說，治療性的不顧一切聽起來並非那麼魯莽的事，但如果你回想起自己曾經憂心、疑慮或恐懼地預料未來，就會知道放下有多麼困難，還記得我那晚擔心會進皇后區監獄的事嗎？倘若不操弄慣用的控制手法，你可能會感到難以自在或陷於險境。

「不求控制的我」可能是完全陌生又具有威脅性的概念，但你最需要的正是這種讓自己不顧一切的心理雞尾酒：管他呢！我就是不擔心他怎麼想。或者，他不愛聽就算了？我能說什麼？我不會因此失眠！

讓我們回到珊曼莎和她的酒精體驗。假如你還記得，酒使她「不在意」自己平時憂心的事，重要的是明白珊曼莎的問題並非在意（這也不是你的問題），只有當不安全感跟反射式思維導致你極為介懷時，你才會發現自己太過在意！放下不是毫不在意，也不是不關心（請記得第四章討論過的關心與憂心之別：關心處理事實，憂心應付假想），而是不要過於在意。以下是一些能夠幫助你領會這個觀念的簡單練習：

一、當涉及自我信任時，告訴自己無需憂心，並相信自己會沒事。

二、對自己精神喊話，讓自己有足夠的動力冒險放棄典型的控制策略。大膽嘗試吧！

三、想像自己喝了心理雞尾酒，從而充滿了自信。

四、領會自己的問題在於過度思考，藉著更加投入自身致力的事及停止過度思考來讓自己放下，沉浸於自己正在做而非正在思考的事情裡。

五、要理解，我們往往會覺得脫離舒適圈的行為顯得輕率，不要被這種感覺愚弄。這不是莽撞，只是擺脫控制欲的框限。它可能令你覺得自己不顧後果，但只要勇於嘗試，你可能驚喜地獲得解放感！

> **要樂意抱持不顧一切的信任態度。**

冥想：典型的放下方式

在第一次練習冥想時，我獲得的指示是，只須單純地隨著呼吸去做，沒有其他的要求，只須配合自然的呼吸，規律地吐故納新。在親自嘗試之前，這聽起來似乎很容易。起初，我每隔幾秒鐘就會發現自己在與擾人的思維搏鬥。隨著日積月累、漸入佳境，我開始更能專注於運氣調息。最終，我能夠更持久地配合著吐納聚精會神，而且我的專注力與日俱增，令自己分心的念頭則日趨減少。

一旦達到這種水準，冥想的益處變得顯而易見。結束冥想後的感覺就如同剛度完假一樣，不僅思維變得更清晰和敏銳，我也感到如釋重負，身體更漸入佳境。這使我印象深刻，因為每次課後我都會獲得有別於往常的觀點與無憂無慮的心態，我變得興致勃勃。

究竟是什麼機制促成如此深刻的變化？我在冥想時做了什麼？經過深刻思考，我得出結論，經由專注於呼吸及逐漸拋開分心的念頭，我學會了如何走出——放下——充滿了憂心、關切、煩惱跟需求的尋常自我意識。於是，在不受世俗雜念困擾的情況下，我能夠放鬆身心，擺脫思慮帶來的所有心理及生理影響。

我靈機一動，想到倘若能夠通過冥想培養超脫日常的意識，那麼何不將所學應用於捨棄反射式思維？於是我試著去做，結果有用。

舉例來說，假如我心存憂思或恐懼，只須淨空思維，隨著吸氣吐氣，輕鬆自在地放開雜念。倘若未在冥想中練習和體驗這種放鬆方式，我懷疑這一切是否會如此輕而易舉。這就是我想把冥想練習做為步驟四一部分訓練的原因。冥想可以教導你，只要放下反射式思維，它就不能支配或毀掉你的生活。

我發現並不是每個人都樂於練習冥想，這也沒有關係，定期練習治療性的不顧一切與轉換思維頻道的技巧，也足以使你理解與發展出放下的能力。由於冥想練習可讓你體驗從思維中解放出來的感覺，我定要敦促你親身嘗試，即使不能時時練習也無妨。

自我對話強化訓練——冥想：學習靜心之道

我認為冥想無非就是學習如何保持平心靜氣，如果你總是受反射式思維驅使，那麼學會靜心是證明自己不受那些思維左右的不二法門。這裡有一個簡單、不賣弄花招的方法可以使冥想融入你的日常生活，就學習放下的目的來說，好消息是我們每天只需要幾分鐘，就能領會放下是多麼容易的事。

首要規則：要**恰到好處！**倘若你過於努力，難免心生挫折，甚至最終將放棄冥想練習，所以你理應循序漸進，假如你開始感到受挫或不能自在，便必須停下來。你的體驗應當從一開始就是正向的且有助於身心恢復，我們必然不要使自己因冥想而感到痛苦。練習放下的方法，剛開始時只須投注一兩分鐘。隨著歲月推移，倘若你想進一步探索冥想的無限益處，可以按部就班把冥想時間增加到十五分鐘、半小時或更長時間。但我必須警告你：如果你秉持著「沒有痛苦，就沒有收穫」的典型西方人態度來進行冥想，將會錯失其目的與潛在益處。

接下來，找出一個**舒適的坐姿**，也可以在尾骨下放一個坐墊來幫助支撐，交叉雙腿是最好的姿勢，但你可能需要一些練習來維持盤腿坐姿。假如你坐在椅子上冥想，要確保背部有良好的支撐，並讓頭部在軀幹上維持平衡，以防頭下垂。當你找到一個舒適的位置時，可以閉上眼睛或找到一個焦點——例如，一根蠟燭或特定的參考點。我發現，如果選擇蠟燭，那麼最好的方式是雙眼幾乎閉合，只留一條縫隙讓燭光映入眼簾，盡量避免眨眼。假如不得不眨眼，乾脆閉上眼睛繼續冥想。隨著時間流逝，你將日漸能夠更持久地凝視燭光。

此刻**將你的注意力轉向呼吸**。數千年來，冥想練習一直是以運氣調息為核心，吐故納新有助於你穩定地專心嘗試擺脫令人分神的想法，通過鼻子正常呼吸，你可以稍微實驗一下，直到你能在鼻腔深處發出輕微的嘶嘶聲，這樣你就可以經由鼻孔吸氣和吐氣。

許多人會念誦真言來幫助自己保持專注，可以是任何隨著呼吸反覆重複的詞語或短語，可以具有個人或宗教意義，或者只是你喜愛的任何字詞。在此概括說明一下：通過鼻子呼吸，留意輕微的嘶嘶聲。吸氣時，心中默念真言。呼氣時，默默地重複咒語……吸氣……吐氣。

關鍵在於：當你在吐納與念經中安頓下來時，唯一的目標是專注於自己的呼吸，聚精會神地吸氣和吐氣，僅此而已。這聽起來很簡單，但相信我，你務必要反覆練習。起初你會被一個接一個讓人失神的想法困擾，這完全正常，你不應為此感到沮喪，只須試著不去跟隨那些想法——就讓它們飄走，不要執著，讓它們遠離你。緩緩地穩住自己的心，將其帶回吸氣及吐氣的循環，始終要留心於自己的吐納。

這時有些人會需要更多的安排。假如你認為我的指示有些模稜兩可，可以試著默數呼吸次數（每個吐納循環為一次），你可以從二十開始倒數到一。如果你覺得需要更多的挑戰來保持自己對於冥想的興趣，可以嘗試這樣做：從一數起，而每回出現分心的想法時，就回到一重新算起。例如，假設我吸氣和吐氣三次都沒有分神，但在第四個吐納循環中發現自己想著，**結束後務必記得打電話給莎莉**，因為有了分心的想法，於是我回到一並重新開始默數。起初，我往往只能專心地進行二到三次吐納循環，但隨著時間推移，我數的數字越來越多，有了很大的進展。雖然我覺得此法頗具挑戰性且會令人受挫，但許多人喜好這類考驗。你可以試看看什麼最適合自己。

重要的是，要知道你的大腦不習慣不去思考。一開始你將會陷入掙扎，但不必苛責自己，欣然接納自己的一切努力，即使你僅能堅持幾分鐘。之後，你將發現自己越來越能順應吐納的循環進行冥想，最終你將獲得意想不到的體驗，並能讓冥想與日常有意識的思考並存。

儘管你曾經完全認同自己在腦海中經歷的一切，如今你開始領略思維只是流經自己的一條河，當你走出這條思緒川流，不再認同舊思維時，將會有一種全然獲得解放的體驗。你依然是自己，只是不再用固有的想法來定義自己，從某種意義上說，你超越了自己的思維。

假如你曾經是反射式思維的受害者，我無法向你道盡學習和體驗放下的重要性，冥想比其他經驗更能闡明你始終有得選擇——任何由不安全感驅動的想法，無論它如何強迫、何等苛求或多麼執迷，終究也只是一個選項。當你完全相信你可以輕易地放下思慮，尤其是反射式思維，你將邁向個人解放的道路。最後，不要把冥想視為解決生活問題的工具，或必須達成的一項目標。我們的目標只有一個：**與自身的吐納同在，學習靜心之道**。

自我對話強化訓練——靜心咒：放下的三個重要理由

每當你面臨問題而憂心或煩惱且必須放鬆時，請覆誦這三個簡單的真理，它們能幫助你進入正向心態，以契合任何放下技巧。我建議你把它們寫在名片的背面，每當你發現自己陷入反射式思維時，就重新閱讀這些真理。如果有必要，你可以如同念咒那樣反覆不斷地誦讀它們。

一、**讓生活自然推展。人生自有障礙，但無絕人之路。**當你遭生活重擊時，可能會覺得沒有解決難題的方法。與其認為步入死巷，不如將其視為瓶頸。礙於反射式思維，你可能覺得受到制約或身陷困境，但你並非無路可走，陷入絕望只是你的感覺遭受不安全感扭曲。正如先前所學，倘若不安全感能讓你相信事情無望解決，它就會控制你。

二、**相信我的直覺與本能會指引我。**當前景不明或形勢複雜而且你感到陷於困境時，理當放手一搏。你可能很難說服自己冒險相信自己和人生，但只要你願意試著放下，讓生命自然發展，事情將會發生、轉換及改變，而且唯有當你不再受限於瓶頸的思維時，這一切才會成真。

三、**每個問題都有解決之道，有時必須等待答案。**

冒險的一部分是理解每個問題都有解決方案，你必須適度自律地告訴自己，可能須耐心等候答案。不安全感總是急躁的，隨著焦慮或恐慌加劇，你將更加執著於立即得到答案。你不清楚解方或看不到答案，並不意味它不存在，就只是它超出了你的視野。只要你願意相信自己，便能使自己進入創造理想生活的最佳位置。

15

步驟五：激勵自己

我記得曾參加女兒五年級時的運動會賽事，當天最後一場競賽是拔河比賽，槍聲響起，紅藍兩隊各自寸步不讓，雙方僵持了許久，選手們個個臉色脹紅而且氣喘如牛，但拔河繩上的黃布條始終紋風不動。而後黃布條終於開始緩緩移動，紅隊慢慢穩定地取得優勢，接著紅隊突然有一名成員失足，於是藍隊扳回一城，逐漸後來居上。隨著形勢逆轉，紅隊成員開始受到警訊影響，他們的臉部顯得扭曲，似乎陷入了恐慌，他們的手臂彷彿變得軟弱無力，最後整個隊伍急遽地潰不成軍。我們能夠如何解釋紅隊的全面潰敗？

要了解這場拔河比賽的拉鋸過程，不僅須確認紅隊最終為何瓦解，也要留意藍隊發生了什麼事。當陷入煎熬的藍隊感覺到紅隊成員發生致命失誤時，整個局勢逆轉，那一刻藍隊所有成員得到暗示，他們將能嘗到勝利的滋味，這使他們獲得能量，重新激起力量和決心。藍隊宛如汲取了紅隊放棄的能量，氣勢高漲，最終贏得了比賽。

不論是拔河或生活，道理都是一樣的。倘若你覺得自己不論在工作、人際關係或能力不再能夠站穩腳步，感覺傾向放棄自己、情緒將要失控，你因疑惑與不安的習慣而過得跌跌撞撞，你想憑藉控制策略進行最後一搏，力圖阻擋事態進一步惡化，你幾乎就要認輸承認這有什麼用？你將被反射式思維拖著走。

如果你一直備受煎熬，那麼你已經在落敗方待得太久，現在你準備好加入勝利組，應該怎麼做呢？改變你的態度。經由第五步驟完成自我對話訓練，讓自己準備好抓緊生活的繩索奮力拔河，但首先要了解的是，自我對話的後續行動有兩個重要組成部分，分別為動力和動能。

將成功公式進行到底

如果你有打高爾夫球、網球、棒球或保齡球等運動，可能會明白進行到底的重要性，擊球或投球固然重要，但出手後若不延續動作，完成一整套姿勢，就永遠無法表現出色。這套延續動作就叫做進行到底（follow-through），若是你期望開創自己想要的出色生活，自我對話這件事就必須要進行到底。

自我對話能進行到底，就是在脫離不安全感之後仍必須完成應該做的事情。這是動力與動能的領域，不該被當成自我對話的獨立部分，應被視為不可或缺的要項。結合自我對話的前四個步驟，學會進行到底，你將能拋卻不安全感，開展自己選擇的生活。

自我對話的前四個步驟教你識別謬誤、源自不安全感的思維，以及明辨事實與假想，然後你學習阻止反射式思維的失控列車，並且學會了放下。但我們仍須持續處理不安全感根深柢固的長期習慣，切莫在這個時點上停止相關訓練。正如你所知，習慣不會因為我們的挑戰而自動消失，我們務必要做的是時時勇於突破所有積習，使其隨著歲月流逝逐漸衰敗崩解，這只是時間問題，而動力及動能對此將能派上用場。

我們可以把動力和動能視為表兄弟。要長期維繫各項努力，你必須堅持兩件要項：確切的態度跟充足的能量。動能與能量息息相關，動力則較攸關態度，公式可以表示為：

自我對話＋動力（確切的態度）和動能（充足的能量）＋時間＝成功

動能：獲得鼓舞的能量

有種現象讓運動迷與教練們長年感到困惑。一個球隊可能於看似落敗之際，因為發生某種無法解釋的情況而使賽局逆轉，就像聖經裡的牧羊人大衛戰勝巨人歌利亞。在紐澤西北部一處郊區的拔河比賽，藍隊扭轉頹勢擊垮紅隊，這種難以解釋的因素就是一種稱為動能的能量。

我發現，只要能夠駕馭動能，自我對話訓練的成功必定指日可待。字典解釋動能的意思為經由運動獲得的力量強度，我將動能界定為在成功（促成變化）後感受到能量跟熱情（力量）激增。如果你曾經節食，就會明白站上體重計得知自己減掉三磅時那種熱情、決心與能量湧現的感受，或者上健身房鍛鍊三週後注意到自己的腹肌明顯變得緊實。在獲得令人鼓舞的結果之前，你可能意識到自己在做一些必要的事時感到單調乏味而興致缺缺，機械式地完成任務。而一旦有了一些成果，感受到動能的威力和能量，你就會開始扶搖直上，至關重要的是以初期成就做為基礎來推進成功。

成功啟動自我對話的關鍵在於取得一些早期的勝利，你必須在初始期完成一些風險較小的挑戰。三十三歲的編輯珍妮佛與我談到如何獲得動能，在充分掌握自我對話前四個步驟後，我們試圖找出她必須在哪些方面取得成功。我問她具體想改變生活的哪些方面，她回答：「嗯，我想從婚姻著手。賴瑞完全失控了，近來常訴諸言語暴力。是的，這就是我想要開始之處。」

我告訴她，挺身對抗賴瑞務須蓄積動能與信心。（順帶一提，信心是動能的副產品，當你感受到動能的威力時，信心將隨之增長。）由於珍妮佛十分欠缺安全感，而且容易懷疑自己做出的決定，因此明智的選擇是先幫她建立一些成功的經驗基礎，然後再去挑戰賴瑞，我建議先檢視她的自我懷疑傾向。「我們談過你感到極不安全，而且總是貶低自己，懷疑自己做出的任何決定。我希望你這週專注於一個目標：練習不去助長不安全感。」珍妮佛明白這項功課的實際作用，點頭同意。

一週後，珍妮佛激動地告訴我：「我做到了！我實際做到了！我整個星期始終努力克服不安全感，完全放鬆自己，我越來越擅長這麼做了。我日前遇到一位鄰居無禮地說她不喜歡我新車的顏色，若是在幾週前，我會擔心自己是否犯了什麼錯，並心煩意亂，失去理智。但這次我鎮定自如，堅定地告訴自己：這只是不安全感在作祟，我不要助長它！這只是一例，一週下來還有許多同樣的事例。如果要我說，這週的我相當不顧一切。」珍妮佛的能量顯著地飆升。

珍妮佛衝勁十足，她已經轉過了那個彎，此時充滿動能，從這一刻起，一切都變得易如反掌。她對自我對話訓練的信心堅不可摧，她從小步驟著手（不助長不安全感、拒絕與丈夫爭鬥、不畏風險說出真相），然後蓄勢待發，準備迎向更大的戰鬥。她終於報名上夜校，決心實現當英文老師的夢想。然後面對賴瑞。最後我聽說，她和賴瑞正在進行婚姻諮商，而且進展良好。珍妮佛的動能與力量帶她走向了她想要的生活。

從簡單的成就著手

當你蓄積了動能，將對自己的新能力與新自我充滿信心，請銘記於心，無論步伐多麼小，最初的幾個步驟可能足以令你感到膽戰心驚。記住，不求控制時，你會覺得自己像是第一次滑下山坡的滑雪新手，正如任何喜愛滑雪的人會告訴你的那樣，一旦學會如何掌握一系列曲曲折折的滑行，任何山坡都可以成為應付得來的挑戰。無論你為何面臨煎熬，只要把事情分解成一系列實際步驟，就能將問題納入可處理的範圍。

即使你已知道沒有危險了，仍須採行那幾個步驟，始能建立確信，這確實需要一些勇氣。不要想太多，相信就是了，畢竟連結動能的能量來強化和支持自己很有幫助。要明白，你的目標不是贏得幾場戰鬥，而是隨著歲月推移持續努力，直到贏得最終的勝利——你的生活屬於自己而非由不安全感掌控。

這帶我們回到上面提到的一個要點：時間。永遠不要忘記，那些破壞你生活的不安全感習慣可能已日久年深，顯然這些習慣會抗拒你的種種努力。隨著逐步走向成功，你開始成為積習的強大對手，待時機成熟，當對手失誤，就是你奮力拉動拔河繩並取得勝利的時刻。這一切都與動能及一些積極因素有關。

動力：遠多於正向思考

多數人首次經歷自我對話時，會把它和「正向思考」相互混淆，常有人聽了我的演講後前來對我說：「我嘗試過正向思考，但這對我並不管用。」我會試著向對方弄清楚，與自己對話不光只是以基於事實、獲得能量的正向思考來取代謬誤的思考方式，正向思考僅能打勝半場戰役，要贏得另一半戰役需要**積極的信念**。

用正面的話語鼓勵自己並不足夠，即使這些話語千真萬確，你仍須找到一種方式來相信它們。我時常聽人說，「我告訴自己，我很聰明，我很有才華，我認可自己總是能完成工作，但為什麼我還是很不安？」如果你想改變自己的生活，僅靠正面思考並不容易辦到，這就是許多激勵人心的計畫及自救書籍最終讓人希望落空的原因。要記住，儘管言語的效力強大，它們不能也不會改變你，除非你相信它們。我是在多年前發現這個要點。

改變人生的四個小時

一九八八年十一月六日是一個陰雨連綿的日子，在那天的陰鬱早晨，我和其他約二萬七千名跑者參加了紐約市曼哈頓的馬拉松賽。賽事場面十分壯觀，哈德遜河上的消防船噴出的紅、白、藍三色水柱直衝雲霄，電視台的直升機在上空盤旋，發出像打蛋器般節奏穩定的聲音，而來自九十多國、擠得水洩不通的人群活力十足且興高采烈。這是一場令人熱血沸騰的體驗，充滿腎上腺素、水瓶與我長達六個月的期待。

當起跑槍聲將我們推上二十六英里（編按：約四十二公里的全馬）的賽事時，我的情緒無比高昂，幾乎沒有注意到現場開始下雨。在喧鬧跟興奮的氣氛中，我沒有意識到浸濕的腳底開始形成水泡，跑了四英里後，我在布魯克林感受到水泡引發的灼熱疼痛。這聽起來可能不算什麼大事，但當你在二十六英里的賽程中第四英里就感到疼痛時，水泡會讓這一天變得極為漫長。

鑑於自己投注了數個月的準備時間，我決心咬牙撐下去，不去在意那伴隨著鞋子擠壓聲的痛感。在跑上皇后區的普拉斯基橋緩坡時來到比賽半途，我發現自己有比腳底水泡更須擔心的事情。儘管受過訓練且有良好的判斷力，我還是屈服於腎上腺素，速度比原本的計畫快許多，我開始感受到深深的疲憊和腿部緊繃，而我僅完成十三英里的賽程。無論接下來是要走路還是跑步，距離中央公園的終點還有十三英里。絕望與困頓感油然而生，經過六個月的訓練、計畫及犧牲，這一切都不應該發生，但它確實發生了。老實說，我真想就這樣放棄。

我原本肯定會放棄。但就在那一刻，我注意到有棟公寓大樓的側邊掛著一面約兩層樓高的橫布條，上面顯示著名的Nike勾勾商標，以及「Just Do It!」（想做就做）這句標語，我不知道這是不是Nike為這場比賽推出的廣告，但這是我第一次看到它。在消極情緒的迷霧裡，我讀到這些話，因而笑逐顏開。那些話語深植我心，我的內心產生了變化，我發現內心有個聲音在說：對，就是這樣！別再抱怨了。來吧，放膽去做吧！這確實有道理。在那一刻，我完全相信這個單純的啟示，像魔法一樣斬斷並粉碎了我的種種疑慮，彷彿它們只是理應被忽視的無聊孩子氣想法。每當我的注意力回到腳底或腿部的疼痛感時，我會告誡自己堅持到底：想做就做！

我在四小時內完成了比賽，這是得體的成績。儘管賽後感到不適，我仍然欣喜若狂，考慮到我在十三英里時的感受，能夠完成這場比賽簡直是一項奇蹟，這是怎麼發生的呢？我能夠扭轉敗局，並不是出於心裡默念「Just Do It!」，而是因為我願意相信Nike的簡單準則。當你將正向思考與完全的信念結合起來，結果往往不可思議，我樂意向你推薦以下激勵人心的公式：

五〇％的正向思維＋五〇％的積極信念＝成功

自我懷疑、消極和不安全感可以形成一個堅固、難以被推翻的三腳架。倘若你想要成功，就必須挑戰支撐這個架構的每個想法，不懼風險相信事實真相。對我來說，動力即是相信（或願意冒險相信）自己能做到想做的事，或有能力因應生活中的種種挑戰，當你能夠駕馭這種堅決相信自己的態度時，你將會成功！以下四項事實可使這種信念持續不斷地支持與激勵你：

一、**痛苦**。你承受痛苦的煎熬，你的生活遭到不安全感和控制欲荼毒，你已經受夠了。你極其厭倦長年掙扎，你想要更多，而且值得擁有更多。這就是動力。

二、**覺悟**。你必須適切體認生活中真正發生的事情，知道該改變什麼，以及如何改變，而且你相信自己能做到，我在本書前面告訴你兩個重要概念：控制與習慣。覺察正在發生的事可以賦予你知識的力量，讓你明白所有習慣都是學來的，所有習慣都可以被打破。這就是動力。

三、**成功**。擁有越多成就，就越能發展自信跟動能，這種能量會鼓勵你抱持確切的態度：樂意不畏風險相信自己可以擺脫控制。這就是動力。

四、幸福。當你冒險放下控制並相信自己時，將開始體驗到幸福，一旦你嘗到真正的幸福，就再也不會想要過狹隘、尋求控制、受制於不安全感苦苦掙扎的生活。這就是動力。

保護你的動力

當你努力提升動力時，重要的是了解不安全感永遠不會輕易消失，它始終會找出你的弱點。在致力改善動力的初期，你必須戒慎恐懼地防範無謂的破壞。請檢視以下典型具破壞力、足以削弱動力的反應模式，並學習有助克服這些挑戰的積極回應：

破壞性思維	**積極應對的訓練**
• 是的，但是……	• 沒有「是的，但是」，只有「是的」！「但是」是自我懷疑的

- 但願……
- 我做不到……
- 我應該……
- 我必須……
- 萬一……
- 我不夠聰明（不夠漂亮等等）……
- 這太困難了……
- 凡事都對我不利。

另一種說法，不必讓每一個正面的想法都被不安全感淹沒。從現在開始，我要不畏風險，只說「是的」。

- 我何時感到如此無能為力？我不再希望自己更有效率，而要主動去做到！希望是猶豫不決者的作法，我不要再躊躇不前。
- 一個讓人驚豔的瞬間！誰說我做不到？我不需要反射式思維，它只會讓我覺得做不到。事實上我可以、我會、我必須做到！
- 沒有什麼可強迫我。究竟是誰在主宰我的人生？想清楚我想要做什麼，而不是我應該做什麼。誰說的？我有能力自己做主。
- 從現在開始，關鍵不在於我必須做什麼，而是我想要做什麼。
- 我又開始投射那些負面情緒了。假如我確認自己能應對生活中的挑戰，我就不必擔心那些「萬一……」的情況。
- 又一個藉口！是時候承認事實，別再躲在沒有說服力的恐懼背後了，我所知唯一的方式是勇於嘗試。
- 可憐的寶貝！事情很困難，那又怎樣？我比事情更難搞！我可以做到任何決心做的事，我厭倦在盡力之前先放棄。
- 從今而後，關鍵不是我背後的事，而是眼前的事。我不要再像失敗者那樣思考事情！

你是自己的教練

自我對話訓練堅決主張，你已經擁有所需的一切。由於自我懷疑、不信任自己和不安全感，使你疏遠自己真正的力量源泉，你唯一能夠重新獲得力量的方法就是奪回它。想一想。如果你知道自己能贏，如果你有一個計畫，如果你知道這行得通，為什麼不去嘗試呢？傑出的教練會幫意志消沉的隊伍構思可行的進擊計畫，將運用理性與客觀來對抗懷疑造成的阻礙，一旦這個計畫制定完成，就要由教練來為團隊激勵士氣與激發動能。

你既是教練也是運動員，你堅定地信奉一個簡單事實：你可以改變自己的生活，你真的能夠做到！你點燃自己的心火。現在你已經有了創造理想生活的五步驟計畫，剩下的唯一事情就是讓自己感受到對於成功的渴望。如果你渴求品嘗成功的滋味，接著要問自己一個問題：「是什麼在阻撓我？」答案是：沒有！沒有任何東西在阻礙你。從來沒有！

> **動力並不神祕難解，它是你樂意冒險相信自己能改變生活時感受到的能量。**

第四部

活出自我訓練的力量

16

用自己的力量

此刻正是我退後一步讓你體驗自我對話訓練的力量和優點的時候。當下你已經準備好實踐所學，我不需要再做任何承諾或保證。有句話說，實際結果是最好的證明。你還需要什麼來證明自己做好準備，並能從不安全感的掌控中奪回生活呢？

我無法保證你將獲得成功或幸福的人生，唯有你自己能夠辦到，透過自我訓練，你可以求得成功與幸福。請記得，當反射式思維已成為日久年深的習慣，你起初可能會覺得改變一點也不自然。幸運的是，這僅是暫時的感覺，一旦你嘗到自發性跟信任感的滋味，就不會再看向過往。關於幸福的生活，有件值得一提的事：它令人振奮。要有耐心，要堅強，並要把計畫堅持到底。你的生活品質取決於它！

我想要改變世界。然而，我發現唯一能夠確實改變的是自己。——阿道斯．赫胥黎（Aldous Huxley，英格蘭文學家）

想像你在一個受二十英尺高的石牆保護的庭院裡長大，從出生以來未曾越過四面高牆，你覺知的事物唯有牆、上方的天空、日月星辰規律的運行、偶爾的降雨或下雪、一些好奇來訪的在地鳥類、以及偶然被風帶來的一片葉子。如果我問你對生活有什麼看法，你可能會聳聳肩堅稱世界是一個無聊、沒有太多機會的所在，可能還會覺得世界非常安全且有保障，但遺憾生活中缺乏激情或趣味。你會告訴我，人生漫長且枯燥乏味，有時幾乎無法忍受。我猜，你因為孤獨與缺乏親密情感而時時感到痛苦。

生活在石牆圍繞的庭院裡，難免會有上述那些感受，那是由你所處的環境所決定的現實，若說這個現實遭到扭曲並不公平，它只是受到限制。這種有限的庭院視野正如同控制生活造成的結果，它限縮你的視野，讓你相信世界是一個少有選擇的地方，一個囚禁你並讓你感到無能為力的處所。我希望當你讀到這裡時，已經明白在反射式思維的庭院之外，有一個充滿選擇的世界。我確信一件事：一旦離開受控制的生活監獄，你將不會再回來。

習慣與控制：改變的關鍵

改變需要行動而非深思熟慮，需要動力而非消極被動，需要渴望而非無動於衷，改變要求你認清，除了自己之外沒有任何人或事能夠改變你。如果有必要改變，就抱持這個概念去奮鬥吧，但除非你準備好為改變自己的生活負起全責，否則不要有太多期望。

我在這本書一開始就設定了一個目標，那就是至少要使你確信，不快樂、苦苦掙扎的生活是出於過度控制累積形成的限制性習慣。只要理解習慣和控制這兩個概念，我保證大大小小的問題都不會再讓你感到困惑。讓我們回顧一下這兩個重大概念。

習慣：像寄生蟲

排除掉客觀條件的問題（不是受不安全感驅使，而是由現實驅動的問題，例如失業、疾病或稅務審計），其餘問題不論是憤怒、壓力、不快樂、無效益、孤獨、焦慮、恐懼症、恐慌或憂鬱，都須被視為不安全感驅動的習慣。「習慣」這個我們一再提到的詞彙，現在要更進一步提醒自己：**所有習慣都是學來的，任何習慣都可以被破除！**

當有人尋求治療時，我首先要做的事情之一，就是消除不安全感對他們的影響力。以恐慌為例，若求助者告訴我，他覺得自己失控、喪失理智或者無法應對生活時，我會沉穩平靜地回應，以便與對方的強烈情緒形成鮮明對比。「我能理解這一切令你心慌意亂，但你知道焦慮只是一種習慣嗎？」從一開始，我的工作就是對抗與不安全感息息相關、具破壞力，有時甚至歇斯底里的習慣。（你呢？學會五個步驟之後，有否注意到自己不再誇大各種問題了？）

我們必須一次又一次地消弭那些誇大、源於不安全感的感覺，因為它們讓我們覺得自己無法因應生活。唐恩是一位二十多歲的魁梧建築工人，他因為焦慮、睡眠障礙及擔憂等問題而備受煎熬。在第一次會面時，我未回應他的緊迫感，這似乎使他坐立難安：「但是，心理師，我認為你不明白，我覺得自己快要失去理智，我不能再繼續忍受了！」對此，我老練地冷靜回應說：「是焦慮的習慣讓你感到困惑，並讓你相信自己無法應付生活。雖然你覺得沒錯，但事實並非如此，習慣能夠輕易地扭曲你看待事物的方式。有人戒菸時會覺得自己沒菸會活不下去，你認為這是真的嗎？你相信那個人會死掉嗎？或許這只是尼古丁養成的習慣在慫恿人？就像戒菸的人一樣，你必須弄清楚是誰在說你無法應對生活：究竟是你自己，還是你的不安全感習慣？」

每次有人試圖說服我不安全感的問題真實存在時，我的第一反應是以沒什麼大不了、全然不值一顧的態度來面對。我不理會那些杞人憂天的想法或恐懼，並冷淡對待所有反射式思維：這只是你的習慣。雖然大多數人一開始會對我看似漠不關心的態度感到困惑（因為這與他們的感受背道而馳），但當他們最終意識到自己的心理煎熬只是習慣使然，冷處理的效果會讓他們感到不可思議。他們將領會「嘿，也許我真的可以改變，我可以應付習慣！」

我期望你從現在開始採取這種態度，請習於用平靜的態度挑戰焦慮、消極或失敗主義的思維：「不論有何感受，我知道那只是一種習慣。」

有時當人們告訴我生活很艱難或永遠不會得到快樂時，我會採取另一種方法，我會訴諸更戲劇化的效果，試著讓他們學會嘲笑這些荒謬的妄想。如果你被原始、荒謬的不安全感驅使，試著大聲笑出來，這能幫助你認識到，繼續相信這些無意義的想法是多麼荒謬的事。

當你能夠以較輕鬆的態度看待反射式思維時，你會發現那些訴苦有著非常原始、孩子氣的特質，只要你仔細觀察，就會發現這些抱怨、哀聲嘆氣和誇大的性質，大多數人過於關注這些不安全感丟出來的胡言亂語。倘若你決定減重，你認為抱怨自身如何悲慘有幫助嗎？或者，如果你碰巧是一個憂心忡忡的人，你能告訴我擔憂心臟病發作、被解雇或找不到靈魂伴侶，有什麼好處嗎？不要悲嘆自己找不到工作或另一半，或者諸事不順。反而應當想一想，為什麼我要聽不安全感的話？如果你誠實地回答，會發現都是些沒有真實、客觀的理由，就只是不安全感的習慣在扭曲事實。

我不在乎你如何做到——笑自己有多麼荒謬、意識到自己的習慣與童年經驗有緊密的聯繫，或者認識到習慣可以被破除等簡單事實，無論如何，別再注意你的不安全感，而這可以透過轉換思維頻道、不顧一切，或運用你在冥想練習中學到的來達成。

打擊習慣的四種方法

一、針對自己的困境，培養一種較輕微不那麼嚴肅的反應方式，藉由**極小化**而不是極大化問題的重要性來減輕其影響。焦慮不安——只是一種習慣！抑鬱寡歡——只是一種習慣！缺乏成功經驗——只是一種習慣！不快樂——只是一種習慣！

二、**注意反射式思維原始的、孩子氣的特質**。告訴自己，倘若我大聲說出這個想法，將會招致人們嘲笑。承認當你抱怨與哀嘆自己無法應對生活時，聽起來十分可笑。

三、透過與自己對話，把意識注入想法中，是時候**用事實取代假想**了。如今你已領悟自己為何不需要控制生活，勇於單純地過日子吧！

四、當你擁有了全新的觀點之後，贏得幾場小戰役，**從一些小挑戰開始**，逐步累積你的動能跟信心。

自我對話強化訓練

接下來一兩天仔細聆聽其他成年人說的話。（一開始你可能會發現，當孩子氣的話來自他人時，自己會更容易注意到。）留意你聽到多少一般成年人像驚慌、怯懦或脆弱的孩子一樣怨嘆：「我受不了，這太難了，我就是不夠堅強，無法處理。」或是，「噢，天啊，如果他不跟我說話怎麼辦？我該怎麼做？我的生活會被毀掉。」或者，「我好沮喪，別管我了，我必須獨處一下。」**洞察這些想法的孩子氣特性，有助於你看清此種習慣的根源**。當不安全感主導你的思維時，要有能力追本溯源，就像乘坐時光機回到自己的童年，而那些習慣就是在那裡被形塑出來的。

當你領會自己的問題確實只是一些壞習慣時，你的整體觀點將會改變。我希望如今你已經確信：習慣是學來的，它們能夠被破除。不論是從自己與他人的生活中，你都見證過這個道理。習慣是反射式的行為跟思維模式，由於習慣會變得自動化，你必須透過自我對話，把意識注入整體想法之中，好改變這一切。起初你會感到不自在，但那只是因為你習慣了反射式的生活，而不是由於這確實異於尋常。

有時運用隱喻會有所助益。可以把習慣想像成寄生蟲，而自己就是其宿主，習慣（假設它具有意識）不想被消滅，想存活，而你當然要為此付出代價！習慣為了能夠成功存活，必須控制你的思維，透過反射式思維來做到這一點。一旦你受到反射式思維支配，你的習慣就成功了，它會吸走你的生命能量，越來越強大。這就是為什麼人們會說：「我不明白，上個月我還安然無恙。我以前從未經歷過焦慮症發作，現今我突然變成了一個焦慮症案例。為何會突然發生？」它並不是驟然突發，你的習慣需要時間來成長和蓬勃發展，然後一旦達到群聚效應時便能夠占有你，當日積月累的習慣達到引爆點時，你才會意識到問題一發不可收拾。

上週我的愛犬露露脖子上長出東西，起初我以為是腫塊，那是一個約半英寸長的灰藍色圓柱體，看起來有點噁心。我戴上老花眼鏡仔細察看，結果發現它竟然有多條小黑腿，原來那不是腫塊，而是一隻吸血的蜱蟲！在除掉這隻可怕寄生蟲的過程中，我發現其韌性與緊咬不放的堅決實在不可思議。積習就像這種寄生蟲一樣頑強且不願屈服，別再餵養你的寄生蟲！

毫無疑問，習慣就像蜱蟲一樣頑劣，你必須付出努力方能擺脫。請記住，只是你的不安全感習慣阻礙了你和你想要改變的生活，沒有別的。

控制：保持簡單

十四世紀時，一位哲學家暨方濟會修士奧坎的威廉（William of Occam）提出了簡約原則，此原則指出：「對於兩套彼此競爭的理論或解釋，在一切其他條件相同的情況下，理應優先選擇較簡單者。」根據奧坎剃刀（Occam's razor，這是現今的流行說法），倘若昨夜有一場猛烈的風暴席捲你的社區，到了早上你發現有屋頂瓦片掉在地上，最簡單的解釋是狂風把它吹落，這個解釋只需要一個假設。而如果你想要主張是外星訪客試圖潛入你的房子導致的結果，這個解釋就需要很多假設（首先要讓人接受外星人的存在）。

當你看到屋頂的瓦片掉在地面時，似乎無需多想，當然是風造成的。對我來說，簡約法則同樣適用於心理學。我們的簡單解決方案是，理解「控制」是自身所有問題的核心，這不需要任何理論上的辯論。所以，如果你有難題，如果你的生活停滯不前，如果你備受煎熬，只須思考一個單純但關鍵的問題：我試圖控制什麼？例如，當你發現自己擔心男朋友會說什麼時，問問自己：「我試圖控制什麼？」在你覺得自己是失敗者而力求於職場有所表現時，想一想：「我試圖控制什麼？」或者當你覺得鄰居生你的氣而試著避開對方時自問：「我試圖控制什麼？」

當你苦惱於我無法應付這個時，這種情況會成為自我懷疑的沃土，而反射式思維會在這片土壤蓬勃發展。但請清楚這點，雖然控制看似混亂的解方：「假如我能讓他們喜歡我，那我就沒什麼好擔心的了。」然而事實是，受到控制的生活最終必然仍會混亂不堪，也許不是今天或明日，但它終究會讓你精疲力竭，使你的生活變得亂七八糟。我期望此刻你已確信，控制生活是有如海市蜃樓的想法，這從來不是一個可望實現的目標，而且尋求控制生活終將成為問題。

現在你知道自己該做什麼了。當涉及衝突時，要思考：「這與控制有什麼關聯？」倘若你不追問、不去尋求簡單的答案，則很容易被誤導：「是焦慮在阻撓我。」不，不是焦慮，也不是沮喪，也不是童年時期受母親懲罰的方式，別再讓問題複雜化。簡單的事實是你備受煎熬，而原因在於你試圖控制生活，這才是你感到焦慮的原因。

如果你抵擋不住控制的誘惑，將面臨重大麻煩，就像我看到一張防撞桿貼紙上寫著：我該往何處去，我怎麼會落到這地步？一旦你把生活交給控制欲，就沒得選擇，將只剩下強制、恐懼和懷疑，這無疑是朝最壞的方向直奔而去。

永無止境的掙扎

每個人偶爾都會遇到長期且艱難的問題，這些難題讓人受傷和絕望。無論是缺乏成功的愛情或事業、罹患慢性疾病，或是常見的覺得不幸福，當你陷入沒完沒了的掙扎時，往往會失去判斷力和希望。我曾在電視 call-in 節目討論當代人的焦慮問題時，一位心煩意亂的人來電說：

我的妻子在軍隊服役並被派往伊拉克，留下我和兩個年幼的孩子在家。我一直都知道照顧兩個幼兒是難事，但沒想到會這麼困難，我不確定自己能否應付這一切。我白天工作，還要接孩子放學，回家後要弄飯給他們、陪他們玩遊戲、幫他們洗澡，沒有一刻停下來，我從未承擔這麼多責任。我十分擔心妻子，面對當前的處境實在感到害怕，孩子們總是哭著問媽媽什麼時候回家，我不知道該怎麼告訴他們。我想吶喊，我做不到，我就是不夠堅強，我該怎麼辦？

顯然，來電的男士感到不知所措且陷入恐慌。當我們處理壓力沉重、時間延長的危機時，往往會感到身心俱疲。在這種情況下，尋常的韌性會遭到磨損，而且你會開始覺得自己逐步走向崩壞（失去控制），這時必須阻止進一步的耗損。我在節目中試圖幫助來電者體認，他的首要任務是努力恢復自己的韌性，既然妻子不在家，他得要重建對前景的看法。

他必須停止同時思慮一切事情。身處危機之中，人們往往會受到恐懼、憂心、預設跟疑慮蒙蔽，在這種情況下，要恢復平衡的生活，不可或缺的是有條不紊和紀律嚴明的方法。我建議當事人開始**專注於當下的每一項任務**，**一次只做一件事**，先不要去思考如何應對明天的挑戰。在餵孩子吃飯時，就專注於餵食，不要想如何哄他們上床睡覺。

當你專注於不難處理的一項任務時，就不會讓思緒進入反射式思維的假設模式。當然，要告訴自己「我會想辦法一個接一個來解決所有問題」，而這必須秉持信念放手一搏，正如我對那位來電者說的，冒這個風險能帶來巨大的改變。以任務為導向，而不是滿腦子想著假設性問題，可以讓你的生活很快變得易於處置。但真正的挑戰隨之而來：培養信任感。信任感可使你相信明天到來時會處理好一切！一旦你接受此種信念，焦慮就會消散。

有些緊急狀況，例如被老闆發現你對他抱怨連連，就只是不得不承受一波衝擊。但是對於長期的持續性挑戰，你必須培養更紀律嚴明的心態，而這始於客觀地體認本能的求生能力。當我們不被反射式思維困擾時，自然能夠找到應對任何挑戰的方法。

請想一想：你還記得昨天紛紛擾擾的問題嗎？上個月的、去年的呢？那一切問題最後都怎麼了？如今何在？它們宛如緊握的拳頭：一旦你放手，拳頭便不再是拳頭。你已經成功因應生活中無數的障礙與挑戰，也以某種方式克服了每一個難關。而且你知道嗎？你迄今沒有放棄（如果你放棄了，就不會閱讀此書了）。不安全感會讓你忘卻過去處理過數不勝數的問題，還會使你覺得：「但這次狀況不同，我不知道自己能否應付這個難題。」

現在開始，從任務著手。接下來運用自我對話，學會遏止那些不斷提醒你生活中各項缺失的反射式思維，客觀評估現有的機會，別再受制於負面思維，請不要說自己毫無機會或沒得選擇。剛滿四十歲的茱莉在心理諮商時向我指出，她覺得一切選項都是負面的：

我四十歲了，依然單身。如今頭上開始出現幾根白髮，髮絲變得不太容易打理，我也注意到全身多有鬆弛，我的顛峰期已經過了，一切只會變得更糟。我已經很久快樂不起來，但現在真的有理由感到難過，不論你說什麼，都改變不了這一切。我四十歲了，明天醒來還是這個歲數！無數歲月已從我身邊溜走，前景看起來暗淡無光。

我要求茱莉沉思，並想像自己已經年屆五十歲，然後請她告訴我，倘若在五十歲時能夠重新回到四十歲，她會有何感受。茱莉回答說：

嗯，我想一想。假如我已五十歲，我猜自己首先會說，「我願意付出任何代價讓自己回到四十歲。」你提出這個問題其實相當有趣，因為我日前曾對自己說過：「我樂意不計任何代價使自己回到三十歲。」我三十歲時可能也做過類似的事。好的，所以你是要告訴我，有朝一日，我會用比較不那麼負面的、迥異的觀點來看待自己當前的處境。我明白這個道理，然而我並沒有因而覺得好過一些。

這沒能帶給茱莉較好的感受，因為她仍然想弄清楚自己的生活出了什麼問題，這是她控制手法的一部分——不切實際、心懷恐懼、徒勞無功地試圖控制生活，拚命地想要留住青春。雖然這聽起來是老掉牙的人之常情（你也知道，控制欲可以很原始），但她確實渴望能夠神奇地青春永駐。幸好，這種孩子氣的抗拒沒有持續很久。她開始看清更大的格局，那就是問題不在於年屆四十歲，而在於不安全感驅使她認為四十歲意味著世界末日！當弄懂這點，茱莉開始更熱情地過她的日子，無畏地展望前景，不再陷於恐懼及負面的預測，她不再臆測未來。

我猜你知道我接下來要說什麼。自從我初識茱莉已過了五年，日前我收到她寄來一張與新婚丈夫在艾菲爾鐵塔前合影的照片，看著茱莉的笑容，我也笑逐顏開。我忍不住想，我早就告訴過你了！

”過去不會決定你的未來，除非你讓它這樣做。“

墓誌銘課題

生活是改變和選擇，只要不被困在狹隘的庭院心態中，你會沒事的。我記得當「生活是選擇」這個概念第一次照亮我的生命時，我還是個研究生，當時參加個人身分與成長小組，組員們討論了死亡和臨終等與控制恐懼相關的課題，小組長還提出一個相當尖銳的問題：我們希望在各自的墓碑上寫些什麼。儘管這令人感到不安，卻也引起了我的興趣。

我做了一些研究並且發現，詩人愛倫坡（Edgar Allan Poe）的墓誌銘援引自己的詩作〈烏鴉〉（The Raven）名句：「烏鴉曰，『不復矣』。」喜劇演員威爾．羅傑斯（Will Rogers）的墓碑則寫著「我從未遇過自己不喜愛的人。」那麼，我會如何總結自己的人生？大約幾天後福至心靈，我決定了身後的墓誌銘：「我寧願繼續閱讀人生。」

「我寧願繼續閱讀人生」是告訴世人，我多麼熱愛生活，而生活是選擇，只有死亡沒有選擇。有時，生活中會有過多的障礙打擊我，於是我會記起自己還活著，只要我還活著就會沒事。如果我覺得日子難過，我會做任何事情來促成改變！當然，總有愛抱怨的人會說他們力求改變，但唯有在進入特定大學、找到理想工作或嫁給如意對象之後，始能獲得幸福。倘若你的快樂要到山的另一邊去尋找，那麼我希望你擁有一雙好的登山鞋。

自發的生活需要信任。當然，不尋求控制、自在地生活且不試圖預測與籌備生活，確實須承擔風險。有些人會覺得這是一種魯莽的生活方式，但那只是因為他們對超脫反射式思維應對生活的能力缺乏信任。一旦你走出控制的框限，意識到一個全新的、輕鬆的、不須排練的生活世界，你就會明白為什麼沒有人想回到他們的庭院，以及為何沒有人會懷念控制的、一成不變的舊日子。

在結束陰鬱的墓誌銘話題之前，我想提一下最近轉發給我的一封電子郵件。這封郵件陳述有人在悼詞中指出，雖然墓碑上刻著逝者出生和死亡的日期，但這些日期並不重要，真正重要的是這兩個日期之間的符號（dash－），因為代表著人一生的經歷，只要你還在這個符號之中，一切都未成定局。藉由自我對話訓練，你可以創造任何適合自己的符號，畢竟，它專屬於你。

當下的平靜

自我對話訓練可能無法變更你生活中的所有情況，但它可以改變你對生活的體驗。你可能心懷幻想，但不論多麼努力尋找，都不會找到一種毫無問題的生活方式。不僅是你，人生對每個人來說都是一種挑戰，就如同有雨天跟晴天、健康與疾病一樣，人生是挑戰也是機會。如果你堅決認為生活「應該」有所不同（而不是自己理應變得不一樣），那麼你仍然在追逐著控制的空中樓閣。

控制，會在你的耳邊低語，宣稱只要努力變得更加完美，或是再多擔心一些，又或變得更狡猾一點，你就能夠脫離困境。是的，控制可以細緻入微、迷惑人心、引人入勝，甚至將你催眠，但我偏愛這樣的觀點：控制是一種會吸走生命能量的寄生蟲！想要在人生中覓得幸福與意義，你必須找到平衡，平衡帶來心靈的寧靜。

自我對話的目的是恢復自信與信任，以便樂意相信自己能夠直面生活中方方面面的挑戰，處理好生活裡的一切是最終的成就。控制的賣點是讓你誤信，只要努力就能避免那些威脅你的事情。現在你應該有了更清楚的認知，你領會到自己確實能夠應對逆境，而只要確立信任感，你不必弄清楚自己將做什麼或該怎麼做。萬一跌倒了，你明白只要拍落身上的灰塵，就能重新立足。

一旦你認清自己無需逃避、轉向或以其他方式迴避生活，就能理解平衡的概念，無論是付清帳單、打掃房子，還是面對霸凌者，平衡的生活意味著樂意承擔責任，擔起責任即是接受生活。唯有小孩以及行為像孩子的成年人才會受保護，不必擔負責任，成熟的人無論好壞都會接受生活並直接面對它。

你可能聽過神學家雷茵霍爾德．尼布爾（Reinhold Niebuhr）的寧靜禱文：

上帝，請賜予我們恩典，平靜地接受無法改變的事；賜予我們勇氣，去改變應該改變的事；並賜予我們智慧，好分辨可改變和不能改變的差別。

讓我們來看看祈禱文的第一個挑戰：平靜地接受無法改變的事。每個人的生活都會遭遇艱難險阻，這些障礙可能是身體上或心理上的限制、外在的要求及責任，或其他獨特的情況，太多時候，我們面對重大逆境時會陷溺於自憐跟受害者意識中。我多年前遇到二十歲出頭的年輕女子露絲，她不幸成為酒駕犯的悲慘受害者，脊椎蒙受不可逆轉的損傷，迄今仍須倚賴輪椅，她告訴我，最大的敵人不是身障而是自憐。自憐的另一個說法是拒絕接受事實，平靜地接受那些無法改變的事物，是一個至高無上的目標，唯有這樣，你的生活始能自由自在地向前推進。

第二個挑戰是要有勇氣去改變應該改變的事。在本書中，我一再提醒你須冒險信任自己，冒險的前提是勇氣，勇氣是一種意志力，它確信自己能夠承受與應對危險、恐懼或困難。與控制對抗可能真的是很可怕的體驗，但只要以理解和真理為基礎，你肯定能夠鼓起必要的勇氣。永遠不要忘記，勇氣是一種選擇。

請留意「應該改變的事情」這句話裡「應該」這個詞。這是我們少數可以允許自己說「應該」的時候之一。一個正常、健康、快樂且自發的你，仰賴於全心全意地生活著，你**應該**要求這一點，更進一步說，你一定要這麼要求自己！改變任何必須改變的事情，去實現你應該過的人生。

最後一項挑戰是擁有智慧好分辨可改變和不能改變的差別。控制欲會扭曲和限制你對於生活的知覺，本書自始至終反覆強調分辨事實與假想的智慧。請想一想，當你首次拿起本書時，你辨識到什麼樣的事實？是否對自己心存疑惑？是否覺得自己永難對生活感到心滿意足？是否覺得自己永遠不可能改變？我期望你已經準備好驅除這些扭曲的想法，至少現在你已擁有拆解反射式思維、開始辨別事實與假想之事所需的工具。

”對你的想法負責：因為它們會化為行動。
對你的行動負責：因為它們會成為習慣。
對你的習慣負責：因為它們會形塑你的個性。
對你的個性負責：因為它會決定你的命運。“

創造自己想要的生活的關鍵在於，你是否願意為其負責，對你的想法、你告訴自己的話，最重要的是，對你聽從的話負責。做到這一點，其他一切都會隨之而來，你將決定對自己的生活負責的時機是否已經成熟。是此刻嗎？你還要再繼續掙扎嗎？唯有你自己能決定。

致謝

感謝妻子凱倫、兒子賈斯汀和女兒蘿倫，始終如一地給予我愛和鼓勵，以及無私無我的奉獻。沒有他們，我的人生旅程沒有任何意義。

自我對話訓練的療癒力量並非憑空想像，也不是我的獨到創見，是接受療程的人們無畏地讓我共同體會他們各自獨特的內心掙扎，從而向我揭示了自我訓練的力量。他們一直是我的良師益友，我們一起學習，領悟了人生的一項基本道理：我們必須對生活負責——不是藉由熱切地力圖控制一切，而是透過分辨事實與假想，以及順應內在更深層、更自覺自發的生命力。

倘若沒有經紀人珍·納嘉爾（Jean Naggar）和她的傑出員工戮力以赴，擴展自我訓練力量與前景的夢想將永難實現。珍自始至終是我的靈感泉源，而且不屈不撓地激勵我的士氣，她擁有非凡的文學才華和直覺，是我的計畫如今能夠在世界各地獲致成功的唯一原因。

威立（Wiley）出版社的編輯湯姆·米勒（Tom Miller）從一開始就賞識我的作品的價值，同時也再次驗證了他的文藝才能。他閱讀及萃取手稿深層本質的卓越能力令我讚歎不已，他的洞察力促成了一切改變。我對湯姆的誠摯、熱情、洞見和友誼永誌難忘。

我的書寫歷程始於多年前，而且很榮幸有簡・拉法爾（Jane Rafal）一路陪伴。簡一直建議和鼓勵我，更說服我相信自己的寫作能力。她在編輯上的功勞與支持，對於自我對話訓練的茁壯和我身為作家的個人發展都卓有貢獻。

最後，我要感謝諸位朋友與家人鼎力相助和出謀劃策，這包括我的終身摯友和姐夫朗・約克（Ron "Coach" York）、表親瑟蕾斯特・嘉提芮（Celeste Galdierei，家族執行長）以及凱西・曼加諾（Cathy Mangano）、姪女克莉西・蘭姆（Chrissy Lamm）和凱西・馬奇（Kathy Maki）、我親愛的摯友兼導師佩林庫蘭・拉瑪納珊（Perinkulam Ramanathan）、我的長年知己艾倫・蓋提斯博士（Dr. Alan Gettis）、我的律師友人亞歷士・洛卡特利（Alex Locatelli）。更要特別感謝三位惠我良多的美好女士：我的母親瑪莉、我的姨媽泰希，和我的岳母瓊恩。

不再內耗的自我對話

作者	約瑟夫・盧恰尼 Joseph J. Luciani, Ph.D.
譯者	陳文和
商周集團執行長	郭奕伶
商業周刊出版部	
總監	林雲
責任編輯	黃郡怡
封面設計	走路花工作室
內文排版	洪玉玲
出版發行	城邦文化事業股份有限公司 商業周刊
地址	115 台北市南港區昆陽街 16 號 6 樓 電話：(02)2505-6789　傳真：(02)2503-6399
讀者服務專線	(02)2510-8888
商周集團網站服務信箱	mailbox@bwnet.com.tw
劃撥帳號	50003033
戶名	英屬蓋曼群島商家庭傳媒股份有限公司城邦分公司
網站	www.businessweekly.com.tw
香港發行所	城邦（香港）出版集團有限公司 香港九龍九龍城土瓜灣道 86 號順聯工業大廈 6 樓 A 室 電話：(852) 2508-6231　傳真：(852) 2578-9337 E-mail：hkcite@biznetvigator.com
製版印刷	中原造像股份有限公司
總經銷	聯合發行股份有限公司 電話：(02) 2917-8022
初版 1 刷	2024 年 12 月
初版 2.5 刷	2025 年 2 月
定價	380 元
ISBN	978-626-7492-81-9（平裝）
EISBN	9786267492789（PDF）／9786267492772（EPUB）

The Power of Self-Coaching: The Five Essential Steps to Creating the Life You Want
by Joseph J. Luciani

國家圖書館出版品預行編目(CIP)資料

不再內耗的自我對話/約瑟夫.盧恰尼(Joseph J. Luciani)著；陳文和譯. -- 初版. -- 臺北市：城邦文化事業股份有限公司商業周刊, 2024.12
288面；14.8×21公分
譯自：The power of self-coaching : the five essential steps to creating the life you want.
ISBN 978-626-7492-81-9(平裝)

1.CST:自我肯定 2.CST:自我實現 3.CST:生活指導

177.2　　113017369

生命樹

Health is the greatest gift, contentment the greatest wealth.
~Gautama Buddha

健康是最大的利益，知足是最好的財富。 ——佛陀